STARK

ABITUR-WISSEN
GESCHICHTE

Karlheinz Wagner

Imperialismus und Erster Weltkrieg

STARK

Dieser Band wurde nach der neuen Rechtschreibung abgefasst.

ISBN: 3-89449-422-0

D-85318 Freising · Postfach 1852 · Tel. (0 81 61) 1790

Inhalt

Fortsetzung siehe nächste Seite

Autor: Dr. Karlheinz Wagner

Vorwort

Liebe Schülerinnen und Schüler,

vielleicht haben Sie sich schon einmal gefragt, warum nahezu überall auf der Welt Englisch gesprochen wird? Oder warum man sich im Senegal auf Französisch unterhält und in Namibia viele – vor allem die Älteren – Deutsch können? Wie kommt es, dass in Indien bis heute Linksverkehr herrscht und die Vietnamesen mit Vorliebe Baguette zum Frühstück essen?

Die **Zeit des europäischen Imperialismus**, mit der sich der erste Teil des Buches beschäftigt, hat viele sprachliche, kulturelle und architektonische Spuren in den ehemaligen Kolonialgebieten hinterlassen, die noch bis in die Gegenwart wirksam bzw. sichtbar sind.

Auch der **Erste Weltkrieg,** der anschließend behandelt wird, hat die Welt nachhaltig geprägt. Dabei wird deutlich, dass dieser erste globale und totale Krieg die „Urkatastrophe unseres Jahrhunderts" gewesen ist: Mit dem Kriegsausbruch 1914 begann eine Epoche der Gewalt, aber auch ein Zeitalter, in dem das bisherige Leben in vielen Bereichen völlig revolutioniert wurde.

Für Ihre Abiturvorbereitung, für Referate und Klausuren ist Ihnen dieser systematisch aufgebaute Band **Imperialismus und Erster Weltkrieg** eine verlässliche Hilfe. Er vermittelt sowohl alle wissenswerten Fakten als auch Strukturen und Zusammenhänge dieser Epoche. Darüber hinaus behandelt er den derzeitigen Forschungsstand, so auch die noch immer kontrovers geführte Kriegsschuld-Debatte.

Das Literaturverzeichnis verweist auf zentrale Standardwerke. Vor allem sind aber aktuelle Veröffentlichungen angeführt, die die immer noch anhaltende Diskussion über Ursachen und Folgen des Ersten Weltkriegs neu belebt haben.

Dr. Karlheinz Wagner

Das Zeitalter des Imperialismus

Motive und Ziele imperialistischer Politik

Das lateinische „imperium", auf das der Begriff „Imperialismus" zurückgeht, meint sowohl „Befehlsgewalt" als „Befehlsbereich". Nach 1870 bekam Imperialismus die Bedeutung von „Großreichpolitik". Sie bezeichnet ein Vorgehen der Großmächte, die aus ihrer Perspektive zivilisatorisch und wirtschaftlich unterentwickelten Regionen von sich abhängig zu machen, um sie dem eigenen Großreich oder „Empire" einzugliedern. Die Großmächte gingen dabei militärisch vor, benutzten wirtschaftliche Druckmittel und suchten die Bevölkerung des fremden Landes kulturell und ideologisch zu beeinflussen. Zu einem Schlagwort wurde „Imperialismus", als der englische Premierminister Disraeli Anfang der siebziger Jahre den Ausbau des britischen Empire forderte und dadurch seine Gegner zu dem Vorwurf veranlasste, ein „Imperialist" zu sein.

Schon im 15. und 16. Jahrhundert hatten Spanien, Portugal, Frankreich und England riesige überseeische Territorien als Kolonien in ihren Besitz gebracht. Am Ende des 18. und zu Beginn des 19. Jahrhunderts jedoch wurden diese Kolonialgebiete des amerikanischen Kontinents selbstständige Staaten.

In der ersten Hälfte des 19. Jahrhunderts unterwarfen europäische Großmächte Länder in Afrika und Asien. So kam 1830 Algerien an Frankreich, 1842 Hongkong zu England. Aber der Erwerb überseeischer Regionen war bis in die siebziger Jahre kein Thema europäischer Politik. Dafür interessierten sich allenfalls Forschungsreisende, Auswanderer und risikofreudige Kaufleute. Der mehr als drei Jahrzehnte umfassende europäische Kolonialimperialismus setzte ein, nachdem auf dem Kontinent mit der deutschen Reichseinigung und der Einheit Italiens die Nationalstaatsbildung abgeschlossen war. Es begann die Epoche des **klassischen Imperialismus** oder **Hochimperialismus,** der die Jahrzehnte zwischen 1880 und 1914 hindurch andauerte.

Der Kolonialismus hatte vielfältige Ursachen. Eine der hauptsächlichen lag in den neuen technischen Möglichkeiten. Die moderne Schifffahrt verband mit **transkontinentalen Verkehrswegen** entfernteste Gebiete der Welt, und die neuesten **Nachrichtentechniken** wie Telegraf und Unterseekabel ermöglichten den ständigen Kontakt der Kolonisten zu ihren Heimatländern. Zwischen der rapiden industriellen Entwicklung und dem Kolonialismus bestand jedoch vor allem ein wirtschaftlicher Zusammenhang: Als Ergebnis der industriellen

Revolution brachte die zweite Hälfte des 19. Jahrhunderts den Industrieländern eine Überkapazität an Produktionsmitteln. Man suchte dafür in außereuropäischen Regionen Anlagemöglichkeiten. Auch schuf das Überangebot an Konsumgütern in den Industrieländern Absatzprobleme, die der Besitz von Kolonien vermindern sollte. Die rapide Bevölkerungszunahme in Europa verursachte einen wachsenden Nahrungsmittelbedarf, und es verknappten sich die vorhandenen Siedlungsräume. Die europäischen Kolonialmächte wollten dieses Problem durch den Erwerb außereuropäischer Territorien lösen.

Diese Zeichnung in der „Jugend" von 1896 karikiert das deutsche Sendungsbewusstsein: „Da muss Ordnung rin!"

Die imperialistischen Nationen rechtfertigten die Aufteilung der Erde und ihre rassistische Gewaltherrschaft über die aus ihrer Sicht „wilden Völker" mit scheinwissenschaftlichen Argumenten wie dem des **Sozialdarwinismus**. Danach sei es ein auch für den Menschen geltendes Naturgesetz, dass der Stärkere den Schwächeren beherrsche. In den imperialistischen Ländern war man, Darwins Lehre folgend, vom **„Recht des Stärkeren"** überzeugt und koppelte diese Ansicht mit der Verkündigung eines europäischen **Sendungsbewusstseins**. Das stützte sich auf die These, der weiße Mann sei gesandt, den Eingeborenen zivilisatorische Werte zu vermitteln. Die Franzosen beriefen sich dabei auf ihre „mission civilisatrice". Bei den deutsche Kolonialherren hieß es: „Am deutschen Wesen wird die Welt genesen". Der englische Schriftsteller Rudyard Kipling sprach sogar von des „White man's burden", der Bürde des weißen Mannes. Eine zusätzliche Motivation erhielt der leidenschaftlich betriebene Erwerb von Kolonien durch den extrem angeheizten **Nationalismus,** der Europa in diesen Jahrzehnten beherrschte.

Europäischer Imperialismus

Die Jahre zwischen der Eröffnung des Suez-Kanals 1869 und dem Kriegsausbruch 1914 waren von einem hektischen Konkurrenzkampf der Großmächte erfüllt. Mitte der siebziger Jahre veranlasste eine tief greifende **Wirtschaftskrise** die kontinentaleuropäischen Staaten, zur Schutzzollpolitik überzugehen. Und auch die USA schlossen sich handelspolitisch ab. Die Industrieländer suchten für ihre Volkswirtschaften nach Auswegen. So bekam der kolonialistische Drang neue Nahrung. Auf der Weltkarte begann ein Wettlauf nach Territorien, die von den zivilisatorischen Länder noch nicht beherrscht waren. Jeder europäischen Macht, die daran beteiligt war, kam es darauf an, schneller zu sein als die konkurrierende. Das **Tempo des Ausdehnungsdranges** verschärfte die **Rivalitäten der Großmächte.**

Die restlose Eroberung Afrikas war zum vorrangigsten Ziel geworden, sah man doch den **Schwarzen Erdteil** besonders geeignet als Absatzmarkt, Rohstofflieferant und Siedlungsgebiet. Weiterhin waren seine Küsten begehrte Flottenstützpunkte für die Handels- und Kriegsschiffe der europäischen Mächte. Nach 1880 begannen dort die Auseinandersetzungen zwischen England und Frankreich. Die englische Geschichtsschreibung fand dafür den Ausdruck „scramble for Africa" (Balgerei um Afrika). Die **Faschoda-Krise** von 1898/99 auf dem Höhepunkt des kolonialistischen Wettbewerbs, ausgelöst durch den Zusammenstoß britischer und französischer Truppen am Oberlauf des Nils, zeigte die gefährlichen Dimensionen dieses Konkurrenzkampfes.

Mit dem Erwerb ägyptischer Suezkanalaktien im Jahr 1875 begann der britische Einfluss in Ägypten, der sich fortsetzte, als England 1878 von der Türkei **Zypern** erwarb, damit seine Präsens im östlichen Mittelmeer verstärkte und schließlich 1882 **Ägypten** unter seine Herrschaft brachte. 1880 hatte England sich in **Nigeria** festgesetzt, **Somaliland** wurde 1884 britisch, 1886 **Kenia**, und zwischen 1894 und 1896 annektierte England **Uganda.** Bei all diesen Kolonialerwerbungen in Afrika war das Ziel eine zusammenhängende Landmasse unter englischer Flagge **von Kairo zum Kap.** Um diese Absicht durchzusetzen, kämpften die Briten 1898 den Widerstand im **Sudan** nieder. Der Herr über die südafrikanischen Diamantenfelder, Cecil Rhodes, bewirkte 1885 die englische Inbesitznahme von **Betschuanaland.** Und als privater Kapitaleigner brachte er zwischen 1888 und 1891 das spätere **Rhodesien** an England. In blutigen Feldzügen eroberten die Briten zwischen 1899 und 1902 die **Burenrepubliken im südlichen Afrika.**

Auch Frankreich strebte ein koloniales Großreich an und hatte 1880 am **Kongo** einen Stützpunkt errichtet. 1881 wurde **Tunesien** französisches Protektorat, auch die **Elfenbeinküste** und **Gabun** wurden französisch. Zwischen 1894 und 1897 unterwarf Frankreich endgültig **Madagaskar,** und zur gleichen Zeit wuchs der französische Einfluss auf Marokko. Mit der Besetzung seiner Hauptstadt Fes 1911 war der Weg beschritten, der **Marokko** zum **Protektorat** machte. Für das seit 1870 völlig der militärischen Kontrolle Frankreichs unterworfene **Algerien** war die Einverleibung in den französischen Kolonialbesitz 1909 abgeschlossen. Als im Westen und in Zentralafrika Frankreich seine Gebiete zu **Französisch Westafrika** und **Französisch Äquatorialafrika** zusammenschloss, beherrschte es weit mehr als ein Viertel des Kontinents.

Die Forschungsreisenden Livingstone und Stanley weckten in Europa das Interesse an der Kolonisierung Zentralafrikas. Der belgische König Leopold II. schuf sich als Privatbesitz seinen, wie er es nannte, „Unabhängigen Kongostaat". Auf der Kongo-Konferenz von 1884/85 stimmten die europäischen Mächte der Erwerbung zu. Die Ausbeutung des Landes durch Belgiens König veranlasste das Parlament, dem massiven Druck der europäischen Großmächte nachzugeben und 1908 die Kolonie als **Belgisch Kongo** der Herrschaft des Staates zu unterstellen.

Portugiesische Kolonien auf dem afrikanischen Kontinent waren im Südwesten **Angola** und im Südosten **Mocambique**.

Die aufgrund ihrer territorialen Entwicklungsgeschichte „verspäteten Nationen" Italien und das Deutsche Reich traten erst in den Kreis der Kolonialmächte ein, als der Kampf um die „weißen Flecken" auf der Afrika-Karte schon heftig im Gange war. **Italien** erwarb zwischen 1885 und 1889 Eritrea und Somaliland; Libyen wurde 1912 italienische Kolonie.

Das Deutsche Reich schlug beim **Wettlauf um Weltgeltung** eine besonders schnelle und harte Gangart an. Dies war im Wesentlichen in der Vorstellung begründet, Deutschland bedürfe der Kolonien, um als europäische Großmacht den anderen Mächten – vor allem England – gleichrangig zu sein. Das plötzliches Auftauchen des Deutschen Reiches unter den kolonialen Konkurrenten und sein lauter Ruf nach einem **„Platz an der Sonne"** beunruhigten England und Frankreich. Auch Bismarck stand dem Erwerb von Kolonien ablehnend gegenüber. Jedoch trat das Reich aufgrund der Forderung deutscher Kaufleute, es müsse die überseeischen Erwerbungen seiner Staatsbürger schützen, in die Reihe der Kolonialmächte ein.

Aktive **deutsche Kolonialpolitik** vollzog sich zwischen 1884 und 1890. Das Reich erklärte 1884 ein Gebiet im Süden Afrikas, das der Bremer Kaufmann Lüderitz erworben hatte, zum Schutzgebiet und nannte es **Deutsch-Südwestafrika.** Im gleichen Jahr verkündete der Generalkonsul Gustav Nachtigal die staatliche Hoheit Deutschlands über **Kamerun** und **Togo** an der Westküste des Kontinents.

Ein Land, das der Afrika-Reisende Carl Peters an der Ostküste von Stammesfürsten erworben hatte, erhielt 1885 den Schutz des Reiches und wurde **Deutsch-Ostafrika** genannt. Ebenfalls 1885 ergriff Deutschland die Oberhoheit über einen Landstrich im Norden Neuguineas, über das **Kaiser Wilhelm Land,** und die ihm vorgelagerte Inselgruppe, den **Bismarck-Archipel.**

Der deutsche Kolonialismus war nicht wirtschaftlich motiviert, denn Bismarck wusste, dass die Kolonien lange Zuschussgebiete bleiben würden. Doch immer stärker vermischte sich die Kolonialfrage mit nationalistischen Parolen. Ein **Kolonialverein** machte sich zum Sprachrohr von Kreisen, die deutsche Kolonien als vaterländische Verpflichtung sahen. Nach Bismarcks 1890 erfolgtem Rücktritt gewann der Gedanke an Kolonien zur Erweiterung des deutschen Herrschaftsbereichs und als Flottenstützpunkte immer mehr an Bedeutung.

Deutsche Offiziere und chinesische Würdenträger in Chi-mo, einem Erholungsort für deutsche Kolonialherren in der Nähe von Tsingtau.

1898 begann die **2. Phase deutscher Kolonialpolitik**. In ihr erwarb das Reich nur ein paar unbedeutende Gebiete in der Südsee. Die Propagandisten des Kolonialvereins aber wurden aggressiver und forderten weitere Erwerbungen, um Deutschlands **Weltmachtstellung** zu behaupten und den Nationalstolz der Deutschen zu stärken. Der erwirtschaftete Gewinn stand jedoch in keinem Verhältnis zu den Problemen und Belastungen, die die überseeischen Besitzungen dem Mutterland schufen.

In Deutsch-Südwestafrika erhoben sich 1904 die Hereros gegen die Kolonialherren, weil sie das brutale Verhalten der weißen Siedler und Händler nicht hinnehmen wollten. In einem langen und blutigen Ausrottungskrieg unterlagen die Hereros. Auch gegen das revoltierende Nomadenvolk der Hottentotten ging die deutsche Kolonialverwaltung militärisch vor. Der **Kolonialismus** brachte der deutschen Wirtschaft keinen Gewinn, sondern blieb ein **Zuschussgeschäft.** Außenpolitisch beschleunigte er Deutschlands **internationale Isolation.**

Die Bilanz des europäischen Kolonialbesitzes in Afrika zeigt an der Spitze Großbritannien, das ein Gebiet von dreißig Millionen Quadratkilometern beherrschte. Frankreichs Kolonien umfassten acht Millionen. Das Deutsche Reich nahm mit drei Millionen Quadratkilometern den dritten Platz ein, während Italien mit eineinhalb Millionen Quadratkilometern Platz vier belegte.

Russland suchte seine Kolonien vor allem **in Mittel- und Ostasien** und geriet dabei mit England und später mit Japan in Konflikt. Das russische Vordringen gegen Indiens Nordgrenze rief in Großbritannien, dessen Königin seit 1877 auch Kaiserin von Indien war, starkes Misstrauen hervor. Noch mehr wurde das russisch-englische Verhältnis durch die Aktivitäten der Russen gegenüber Afghanistan belastet. Mit der zwischen 1891 und 1904 fertiggestellten, 9 000 Kilometer langen transsibirischen Bahn näherte sich Russland bedrohlich der Mandschurei und dem britischen Einflussgebiet in China.

Der Imperialismus der USA und Japans

Bis in das späte 19. Jahrhundert waren die Vereinigten Staaten vornehmlich am inneren Ausbau des eigenen Landes interessiert. Erst die große Wirtschaftskrise von 1893–1897 und die wirtschaftlichen Nöte der Farmer zwangen zum Umdenken. Als in der amerikanischen Industrie immer mehr monopolistische Großunternehmen entstanden, suchten die USA Kapital und Energien jenseits der eigenen Grenzen zu investieren, um insbesondere der sich entwickelnden Produktion von Massenwaren neue Absatzmärkte zu erschließen.

Die weltweit verbreitete Auffassung des **Sozialdarwinismus** vom „Recht des Stärkeren“ bestätigte sich täglich **im Leben der amerikanischen Gesellschaft** und lieferte auch dem Kolonialimperialismus der USA seine moralische Rechtfertigung. Wie überall verband sich damit nationalistisches Denken, und noch stärker als in Europa betonten die **US-Imperialisten** ihren **missionarischen** Auftrag, als „Gottes eigenes Land“ für Humanität, Menschenrechte und gegen Barbarei zu kämpfen.

1896 nahmen die USA die **Hawaii-Inseln** in Besitz. Aufstände gegen die spanische Herrschaft auf Kuba lösten 1898 den amerikanisch-spanischen Krieg aus. Dabei blieb Amerika siegreich, und Spanien musste **Kuba, Puerto Rico, Guam** und die **Philippinen** an die Vereinigten Staaten abtreten. Die USA erzwangen auch den Abfall Panamas von Kolumbien, erkannten die Selbstständigkeit des Landes an und brachten es in ihre Abhängigkeit. Der wirtschaftliche Druck der USA auf den jungen Staat war so nachhaltig, dass Panama seine 84 Kilometer lange Kanalzone an Amerika abtrat. Die USA konnten so den **Panama-Kanal** fertigstellen und über die 1914 eröffnete Schifffahrtsstraße ungehindert den Verkehr ihrer Kriegs- und Handelsschiffe zwischen den Ozeanen abwickeln. Auch der **südamerikanische Kontinent** sollte den USA als **Rohstoffquelle und Absatzmarkt** dienen. Darum flossen US-Dollars in die südamerikanischen Volkswirtschaften und begründeten dort die wirtschaftliche Vormundschaft der Vereinigten Staaten.

Japan beschritt in den letzten Jahrzehnten des 19. Jahrhunderts ebenfalls einen imperialistischen Weg. Die **europäischen Mächte** hatten in das Leben der alten **Kulturstaaten Ostasiens** schon seit längerer Zeit eingegriffen. Nun schufen sie sich militärische und wirtschaftliche Ausgangsbasen. Eine zunächst wirtschaftliche Durchdringung Chinas ging mit der Eroberung des Mekongdeltas durch Frankreich (1887) in eine unmittelbar politische über. Damit setzte ein Prozess ein, dessen Ziel die **Aufteilung Ostasiens** unter den Großmächten Europas sein sollte. Die imperialistischen Regime wollten das ganze chinesische Reich unter sich verteilen. Diese Pläne scheiterten jedoch im Wesentlichen am **Aufstieg Japans.** Das Land hatte sich industriell nach dem Vorbild Europas entwickelt und sich mit seinen Streitkräften ein machtpolitisches Instrument geschaffen. 1894 griff es erstmals militärisch in China ein und erzwang 1895 die **Abtretung Formosas,** der mandschurischen Halbinsel **Liaotung** und die Unabhängigkeit **Koreas.** Später fiel Liaotung an Russland, das dort 1898 seinen Flottenstützpunkt Port Arthur errichtete. Mit dem **russisch-japanischen Krieg** von 1904/05 kam es zur ersten großen Auseinandersetzung zweier Kolonialmächte um China. Der durch amerikanische Vermittlung geschlossene Friede von Portsmouth zwang Russland, Port Arthur und das südliche Sachalin an Japan abzutreten, die Mandschurei aufzugeben und die japanischen Interessen in Korea anzuerkennen.

Die **Folgen des Kolonialismus** waren katastrophal. Die imperialistischen Jahrzehnte, in denen durch blutige Ausrottungsfeldzüge die weißen Herren die Kolonialvölker unterjochten, leiteten das große **Kriegszeitalter** ein. Im Ersten Weltkrieg, dem Ergebnis des Weltmachtstrebens, ruinierten sie sich gegenseitig. Die ehemaligen Kolonialgebiete aber sind noch heute von den

Folgen des Kolonialismus geprägt. Sie wurden ausschließlich im Sinn der Profitinteressen ihrer Herrschaftsländer bewirtschaftet. Es entstanden Monokulturen: für Baumwolle in Ägypten, Kakao in der Goldküstenregion, Erdnüsse im Senegal, Kautschuk und Zinn in Malaysia, Zucker auf Kuba. Durch Großplantagen, Bergwerke und durch die Anlage von Verkehrswegen veränderten sich Umwelt und Lebensverhältnisse der Bewohner. Bis in die Gegenwart bleibt die wirtschaftliche Entwicklung der nachkolonialen Staaten davon bestimmt.

Imperialismustheorien

Auf dem Höhepunkt des Kolonialismus entstanden aus der kritischen Diskussion über dessen Ursachen „Imperialismustheorien". Kritik am Imperialismus wurde zuerst in Großbritannien und den USA laut. Unter dem Eindruck des Burenkrieges entwickelte in England **John A. Hobson** 1902 eine erste Theorie. Er sah **Imperialismus** als weltweite Entwicklung eines **expansiven und aggressiven Kapitalismus**. Der Erwerb von Kolonien diente dazu, bestimmten Wirtschafts- und Finanzkreisen Kapitalanlage- und Absatzmärkte zu erschließen. Hobson ergänzte seine Lehre durch die These, dass der Kolonialismus nicht nur wirtschaftliche, sondern auch innenpolitische Ursachen habe. Bei den wachsenden sozialen Problemen der Industriestaaten übernähme er eine Ventilfunktion.

Von Hobson ausgehend entwarf der österreichische Politiker **Rudolf Hilferding** eine Erklärung des Imperialismus in seiner Schrift „Das Finanzkapital" (1910). Nach Hilferding ist der Imperialismus das Ergebnis des **Zusammenwirkens von Finanzkapital und Staat**.

Diese These wurde zur Grundlage für die **Imperialismustheorie des Marxismus.** In seiner 1916/17 erschienenen Abhandlung „Der Imperialismus" bezeichnete **Lenin** die Verbindung von Staat und Kapital als **Monopolkapitalismus.** Mit ihm, so sagte er voraus, käme der Kapitalismus an sein Ende, weil er im machtstaatlich fundierten Monopolkapitalismus sein höchstes Stadium erreicht habe. Dann könne nur noch der rasche Zerfall des Imperialismus eintreten. Die Ereignisse nach den beiden Weltkriegen widerlegten die Gültigkeit der marxistischen Imperialismustheorie. Die marxistischen Theoretiker gerieten daher in die Zwangslage, immer wieder neue Erklärungen für die ausbleibende Bestätigung ihrer Lehren zu finden.

Das imperialistische Deutschland

Wirtschaftsaufstieg und Bevölkerungsentwicklung

In den zwei Jahrzehnten vor dem Ersten Weltkrieg errang Deutschland einen weltwirtschaftlichen Spitzenplatz. Mit seiner hochwertigen **Stahl- und Roheisenproduktion** besaß es einen Weltmarktanteil von 25 %. Erfindungen wie Stabstahl, der den Stahlbetonbau ermöglichte, oder der rostfreie Stahl der Firma Krupp steigerten den bedeutenden Ruf der deutschen Eisentechnologie.

Das anhaltende **industrielle Wachstum** basierte auf den Erfolgen der Naturwissenschaften und der Technik und dem Zusammenwirken von wissenschaftlicher Forschung, technischen Erfindungen, Kapital, Arbeit und betrieblicher Rationalisierung.

Ferdinand Graf Zeppelin entwickelte zwischen 1891 und 1900 ein „Starrluftschiff". Der mit Helium gefüllte und von Luftschrauben angetriebe Flugkörper trug eine Passagiergondel. Der „Zeppelin" war eines der technischen Wunder der Zeit. Hier landet das Luftschiff „LZ III" in Konstanz 1909.

Diese erfolgsorientierte Kooperation war erst durch das vorbildliche deutsche Schulsystem möglich. Hoch entwickelte polytechnische Bildungsanstalten lieferten den Nachwuchs an Ingenieuren und Technikern. Deutsche Universitäten und technische Hochschulen genossen einen weltweiten Ruf als Lehr- und Forschungsstätten der Naturwissenschaften. Die Unternehmen richteten betriebseigene wissenschaftliche Laboratorien ein und der Staat unterstützte die naturwissenschaftlichen Projekte mit der Gründung der „Kaiser Wilhelm-Gesellschaft zur Förderung der Wissenschaften".

Werbeplakat der (späteren) AEG: Die Göttin des Lichts thront über der Weltkugel.

Deutschland nahm in der Erzeugung von **Elektrizität** und der **Herstellung elektrischer Geräte** mit den Unternehmen Siemens und AEG eine Spitzenposition ein. Die Carl Zeiss-Werke in Jena errangen in der **optischen Industrie** Weltgeltung.

Die chemische, pharmazeutische, elektrotechnische und optische Industrie Deutschlands verdankte ihren Vorsprung vor anderen Industrieländern dem **hohen wissenschaftlichen Standard** ihrer Mitarbeiter. Am Beispiel der **industriellen Chemie** wird besonders deutlich, wie sehr die Errungenschaften der Jahrhundertwende Ergebnis der Zusammenarbeit von Wissenschaft, Technik und investitionsbereiter Industrie waren. Bei Bayer-Leverkusen, Hoechst-Frankfurt und der BASF-Ludwigshafen wurden Kunststoffe wie Zellophan oder Kunstseide hergestellt. Darüber hinaus gingen diese Unternehmen auch mit Düngemitteln und pharmazeutischen Produkten auf den Markt. Die BASF wertete großindustriell das Haber-Bosch-Verfahren aus. Mit dieser Entdeckung, der Stickstoffgewinnung aus der Luft, wurde die deutsche Rüstung von überseeischen Salpeter-Einfuhren unabhängig. Besonders erfolgreich war die chemische Industrie in der Herstellung synthetischer Farben. Im Jahr 1913 produzierte sie 135 000 Tonnen Anilinfarben und war damit der größte Farbenexporteur der Welt.

Auch der Aufschwung des **Motoren-** und **Automobilbaus** ging im Wesentlichen von Deutschland aus. Der entwickelte sparsame Dieselmotor eroberte die Welt; 1890 wurde die Daimler Motorengesellschaft gegründet, der 1891 ein Tochterunternehmen in London folgte. Die moderne **Gefriertechnik**, wie sie Carl von Linde mit seinen Ammoniak-Kältemaschinen begründet hatte, revolutionierte das tägliche Leben.

Die Modernisierungen in der Verhüttungstechnik führten zu einem kräftigen Aufschwung der **Montan- und Eisenindustrie.** Von dieser Entwicklung profitierte auch die Landwirtschaft. Durch den Einsatz der aus phosphathaltiger Schlacke gewonnenen Düngemittel konnten die Bodenerträge bis 1914 gegenüber 1880 um 80 % gesteigert werden.

Deutschland war reich. Der **Außenhandel** verzeichnete stetig positive Bilanzen. Jährlich stieg das **Volksvermögen** um drei bis vier Milliarden Goldmark. Es belief sich laut Schätzungen des Jahres 1913 auf ca. 300 Milliarden. Damit hatte es sich gegenüber dem Stand zur Zeit der Reichsgründung verdreifacht.

In der ersten Hälfte des 19. Jahrhunderts wies Europa ein **Bevölkerungswachstum** von nahezu 80 Millionen Menschen auf. Zwischen 1850 und 1911 betrug der Zuwachs über 200 Millionen, obwohl seit der Jahrhundertmitte ca. 50 Millionen Europäer ausgewandert waren. Am stärksten stiegen in diesem Zeitraum die Bevölkerungszahlen von Russland (55,5 Mio.), Deutschland (30,4 Mio.) und England (17,6 Mio.). Im Jahr 1913 hatte das **Deutsche Reich 65 Millionen** Einwohner, was im Vergleich zu 1875 einer Zunahme von 52 % entsprach.

Das **Wachstum deutscher Großstädte** spiegelte diese Entwicklung wider: Die Bevölkerung der Reichshauptstadt Berlin hatte sich in den zwanzig Jahren zwischen 1850 und 1870 fast verdoppelt. Bis zum Ersten Weltkrieg erreichte **Berlin 3,7 Millionen** Einwohner. Im Ruhrgebiet lebten 2,5 und in Hamburg 1,4 Millionen Menschen; die Einwohnerzahlen der Städte München, Dresden und Breslau überstiegen die Halbmillionengrenze.

Deutschland wandelte sich mit wachsendem Tempo vom **Agrar- zum Industriestaat,** worauf auch die Bevölkerungszunahme in den großen Städten zurückzuführen ist. Sie war das Ergebnis einer durch die Anziehungskraft der industriellen Ballungsräume verursachten **Binnenwanderung.** Die Menschen verließen ihre ländlichen Regionen und suchten in den Industriestädten Arbeit. Bis 1870 kamen sie aus dem rheinisch-westfälischen Umland in das Ruhrgebiet. Durch den steigenden Bedarf an Arbeitskräften jedoch nahm dort die Zuwanderung aus entfernteren Landschaften zu. Besonders aus den polnisch bevölkerten preußischen Ostprovinzen kamen leistungsfähige Arbeiter ins Ruhrgebiet. Die geschilderten Wachstumsprozesse vollzogen sich allerdings nicht reibungslos. **Industrialisierung, Bevölkerungsanstieg** und **Bevölkerungsbewegung** brachten in Politik und Gesellschaft Umschichtungen, Wandel und Spannungen. Die sozialen Probleme verschärften sich.

Das Ende der Ära Bismarck

Im März 1888 starb einundneunzigjährig der preußische König **Wilhelm I.**, seit 1871 Deutscher Kaiser. Mit **Bismarck** hatte er das Reich gegründet und siebzehn Jahre dessen Geschicke bestimmt. Laut Verfassung verfügte der Reichskanzler über eine nahezu diktatorische Regierungsgewalt, alle kaiserlichen Beschlüsse bedurften seiner Gegenzeichnung. Umgekehrt war er auf das uneingeschränkte Vertrauen des Herrschers angewiesen, der ihn berufen hatte. Solange der Kaiser seine Politik billigte, konnte er regieren. So sah es die Verfassung vor. Die Übereinstimmung Wilhelm I. mit Bismarck ließ das **Kanzleramt** zum **Brennpunkt der Reichspolitik** werden.

Auf Wilhelm I. folgte Kronprinz Friedrich Wilhelm (1831–1888), der sich Kaiser **Friedrich III.** nannte. Er war der Hoffnungsträger des deutschen Liberalismus. Durch seine enge verwandtschaftliche Beziehung zum britischen Königshaus – verheiratet mit Queen Victorias Tochter – stand er der parlamentarischen Monarchie nahe. Im englischen Monarchie-Verständnis sah er ein Muster für Deutschland. Friedrich unterhielt zu den Liberalen in seinem Land enge Beziehungen und empfand es als seine Aufgabe, eine freiheitlichere Politik und Gesellschaft zu fördern. Doch während seiner langen Kronprinzenzeit hatten sich die politischen Verhältnisse und mit ihnen der deutsche Liberalismus verändert. Als ihm endlich die Thronfolge zufiel, war er ein todkranker Mann. Nach 99 Tagen der kaum ausgeübten Herrschaft starb er im Sommer 1888.

Die Nachfolge der im ersten Halbjahr 1888 verstorbenen Kaiser trat der neunundzwanzigjährige Kronprinz als **Wilhelm II.** an. Die Fortsetzung der Bismarck'schen Politik schien durch ihn gesichert, gehörte er doch zu den Bewunderern des alten Kanzlers. Und auch Bismarck stand dem Prinzen Wilhelm positiv gegenüber. Er hatte ihn zu fördern gesucht, indem er die Mängel in der staatspolitischen Bildung des jungen Mannes durch eine frühzeitige Beschäftigung im Auswärtigen Amt beheben wollte. Doch bald stimmte der Kanzler in seinem Urteil über den Monarchen mit dem des Kaisers Friedrich überein, dem die mangelnde Reife und unerträgliche Überheblichkeit seines Sohnes häufig Anlass zu Klagen gegeben hatte.

Der jugendliche Kaiser hegte den Wunsch, als Wohltäter seines Volkes und führender Gestalter von Europas Schicksal in die Geschichte einzugehen. Um ihn bildete sich ein Kreis von Höflingen aus Militär und Politik, die den Herrscher in dieser Haltung nachdrücklich bestärkten.

Es kam zum **Konflikt zwischen Wilhelm II. und Bismarck.** Der Generationsunterschied und viele persönliche und sachliche Differenzen trennten sie. Bismarck hatte siebenundzwanzig Jahre lang als preußischer Ministerpräsident und siebzehn Jahre als Reichskanzler erfolgreich regiert und konnte dabei auf das Vertrauen des Herrschers ebenso bauen wie auf das des Volkes. So war er von seiner Unentbehrlichkeit überzeugt. Außerdem betrachtete er das staatliche Leben aus einer über vier Jahrzehnte hindurch erworbenen Erfahrung als Parlamentarier, Diplomat und Regierungschef. So sah er die Verhältnisse realistischer und naturgemäß skeptischer als der unerfahrene und impulsive Kaiser. Die unterschiedliche Beurteilung der zu lösenden Aufgaben in der **Sozialpolitik** und in den **außenpolitischen Beziehungen,** ganz entscheidend jedoch der **Anspruch des Kaisers auf Selbstregierung** führten schließlich zum Bruch zwischen beiden Männern.

Die Wahlen von 1887 erbrachten mit 220 Reichstagssitzen eine **Mehrheit von Konservativen und Nationalliberalen,** den „Kartellparteien". Das waren die Parteien eines Bündnisses, das Bismarcks Politik unterstützte. Dennoch konnte der Kanzler nicht in der gewohnten Weise weiterregieren. Von seinen Beratern bestärkt, forderte der junge Kaiser, die Richtlinien der Politik weitgehend selbst zu bestimmen. Besonders die **gegensätzliche Haltung in der sozialen Frage** zwischen Kaiser und Kanzler wurde zum Streitpunkt.

Ein Streik der Bergarbeiter im Mai 1889, Ausdruck der allgemeinen Unzufriedenheit im Reich Bismarcks, bestärkte Wilhelm II. in dem Entschluss, ein **Sozialprogramm** zu verabschieden. Er wollte ein **Herrscher aller Deutschen** sein und weder Ausgrenzungen noch Klassenkampf dulden. Sein Programm beabsichtigte Wilhelm II. als **„Sozialpolitische Kundgebung des Kaisers"** zu veröffentlichen. Bismarck warnte davor. Er sah ein Entgegenkommen als Ausdruck obrigkeitlicher Schwäche und als Ermunterung der SPD in ihrem Kampf gegen den Staat. Dagegen wollte er das bis 1890 befristete alte Sozialistengesetz, das „Gesetz gegen die gemeingefährlichen Bestrebungen der Sozialdemokratie" durch ein **neues Sozialistengesetz** verlängern.

Der Ausgang der **Wahl von 1890** bestätigte Bismarcks Erwartung: Die Parteien des „Kartells" erfuhren eine spürbare Niederlage, der **Stimmenzuwachs der SPD** war groß. In dieser Situation sprach der Kanzler auch einmal von „Staatsstreich", womit er die Abschaffung des Reichstages gemeint haben soll. Wilhelm wies derartige Gedanken weit von sich. Er wollte den Beginn seiner Herrschaft nicht mit einem schweren innenpolitischen Konflikt belasten. Zudem glaubte er, seine sozialpolitischen Reformideen könnten zur Grundlage der Zusammenarbeit mit dem neuen Reichstag werden.

Am 18. März 1890 erhielt der Kaiser **Bismarcks Entlassungsgesuch** aus den Ämtern als Reichskanzler und preußischer Ministerpräsident. Offiziell begründete der Kanzler seinen Rücktritt mit unterschiedlichen Auffassungen in der Außenpolitik des Reiches. Doch der wirkliche Grund lag tiefer. Nach jahrzehntelanger erfolgreicher Regierungsarbeit hielt er es für unzumutbar, dass ein politischer Anfänger, dessen Entscheidungen plötzlichen Gefühlsimpulsen entsprangen, die Stetigkeit seiner Regierungsarbeit infrage stellen sollte. Mit diesem Schritt verlor er den Kampf um die Macht, die er mit einem Kaiser nicht teilen wollte.

Das persönliche Regiment des Kaisers

Die Epoche zwischen Bismarcks Rücktritt (1890) und dem Ende der Monarchie (1918) wird **Wilhelminisches Zeitalter** genannt. Der Kaiser, der dieser Zeit seinen Namen gab und als ihr Repräsentant gilt, ist **Wilhelm II.** (1859–1941). Er zeichnete sich durch schneidige Reden aus und forderte eine Weltmachtstellung für sein Reich. Der Reichskanzler Bülow fand dafür die Worte: **„Platz an der Sonne“.**

Wilhelm II. (1859–1941)

Auch die Innenpolitik war ständig den Eingriffen des Kaisers durch „allerhöchste Erlasse“ ausgesetzt. Dieser autoritäre Regierungsstil, der als das **Persönliche Regiment** bezeichnet wird, wirkte sich oft verhängnisvoll aus. Der Kaiser hatte mit seinem Herrschaftsverständnis einen nicht geringen Anteil an den Fehlleistungen, die zum Ersten Weltkrieg führten.

Die **unheilvolle Wirkung** dieser Regierungsweise erklärt sich sowohl aus der **Persönlichkeit** des Kaisers als auch aus dem bestehenden **Regierungssystem**, das er entsprechend seinem absolutistischen Herrschaftsverständnis nutzte. Die Übereinstimmung der nationalistisch eingestellten Volksmehrheit mit ihrem Monarchen war ein weiteres Fundament dieser Politik.

Zur Persönlichkeit: Wilhelm II. litt an einem schweren Geburtsschaden. Der linke Arm war verkürzt und nicht funktionsfähig und auch die geistige Gesundheit des Heranwachsenden gab Anlass zu Besorgnis. Die körperliche

Behinderung mag eine der Ursachen für sein stark ausgeprägtes Minderwertigkeitsgefühl gewesen sein. Oft ließ er die für einen Staatsmann notwendige Zurückhaltung außer Acht. Mit tönenden Reden und Drohgebärden, Prachtentfaltung, pompösen Auftritten und militärischen Schauspielen versuchte er zu imponieren. Die übersteigerte Selbstherrlichkeit des Kaisers nahm zuweilen Züge an, die die Frage aufkommen ließen, ob der Deutsche Kaiser und König von Preußen zurechnungsfähig sei.

Prägend für Wilhelm II. war seine Erziehung. Deren Leitlinie war, aus dem behinderten Kind einen vorbildlichen preußischen Soldaten zu formen und den Mann, der auf allen Gebieten mitreden konnte. So wuchs er unter den Forderungen harten militärischen Drills und eines die verschiedensten Wissensgebiete umfassenden Unterrichts heran. Darüber hinaus wirkte auf Wilhelm die nationalistische Überheblichkeit der Zeit. Kindheit und Jugend waren von den politischen und militärischen Erfolgen Preußens begleitet. Die durch Siege herbeigeführte Reichseinigung und der folgende wirtschaftliche Aufschwung Deutschlands hatten sein Politikverständnis nachhaltig bestimmt. Er war das Kind einer Zeit, in der die Deutschen stolz auf ihre militärische Stärke waren, auf die Errungenschaften der Wissenschaft und Technik und auf Deutschlands Rang als Wirtschaftsmacht. Die führende Rolle bei allem, was erreicht worden war, nahm dabei die Dynastie der Hohenzollern ein, der er angehörte.

Durch den frühen Tod seines Vaters erbte der Neunundzwanzigjährige das Herrscheramt sozusagen aus den Händen des Großvaters. Er musste nicht wie sein Vater oder sein Onkel, der englische König Edward VII., viele Jahre als Kronprinz zubringen. Im jugendlichen Alter wurde er Herrscher der stärksten Macht des europäischen Kontinents. Der politisch unkundige Monarch war auf fähige und verantwortliche Berater angewiesen. Seine Eitelkeit jedoch ließ nicht zu, dass er bei staatspolitisch erfahrenen Persönlichkeiten Rat einholte. Er verabscheute Erwägungen und Diskussionen und trachtete nach uneingeschränkter Zustimmung. Darum mied er die erfahrenen Männer der Generation seines Vaters und umgab sich mit karrieresüchtigen Offizieren und Diplomaten, die ihm in allem zustimmten. Allein schon um die einmal errungene Stellung bei Hof zu behalten, wagte es niemand, gegen die Vorstellungen des Herrschers Bedenken oder gar Einwände zu erheben.

Nach der Reichsverfassung war das Verhältnis zwischen Kaiser und Kanzler das eines gekrönten Souveräns und dem ihn beratenden und die Geschäfte führenden Regierungschef. Unter der Kanzlerschaft Bismarcks jedoch hatte das **Regierungssystem,** wie es die Verfassung vorsah, einen anderen Charakter angenommen. Der Kanzler bestimmte die Richtlinien der Politik und erwählte die Regierungsmitglieder, die an seine Weisungen gebundenen Staatssekretäre. Kaiser Wilhelm I. hatte zum Wohl des Staates diese Kanzler-Rolle stets gebilligt. In Konfliktfällen hatte er sich gebeugt, da er wusste, dass Bismarck ihm an politischen Fähigkeiten weit überlegen war.

Mit Beginn der Herrschaft seines Enkels änderte sich nichts an der verfassungsmäßigen, doch Einiges an der tatsächlichen Stellung des Regierungschefs. Die Umstände von Bismarcks Rücktritt machten deutlich, dass der junge Kaiser die Kanzlerdiktatur durch eine Selbstregierung abgelöst hatte. **Wilhelm II., Kaiser von Gottes Gnaden** betonte bei jeder Gelegenheit diesen Rang und gestand dem Reichskanzler lediglich die Position eines ausführenden Organs zu. Alle seine Kanzler bezeichnete er als seine „Handlanger". In den 24 Friedensjahren vor dem Ersten Weltkrieg war es Bismarcks Nachfolgern nicht möglich, die ihnen per Verfassung zustehende Regierungsgewalt auch tatsächlich wahrzunehmen.

Noch viel weniger Bedeutung als der Kanzler hatte der **Reichstag.** Er war schon nach der Verfassungsordnung von der Außenpolitik und allem, was die Streitkräfte betraf, ausgeschlossen. Zudem standen die Deutschen, vor allem die Wilhelm II. stützenden adligen und großbürgerlichen Führungsschichten Preußens, dem Parlamentarismus ablehnend gegenüber. Sie wollten nicht zur Kenntnis nehmen, dass das Deutsche Reich eine konstitutionelle Monarchie war. Ihre Einflussnahme auf das staatliche Leben erweckte in Westeuropa und den Vereinigten Staaten die Vorstellung, Deutschland würde ebenso autokratisch regiert wie das zaristische Russland.

Auch den Mitgliedern der **Reichsregierung** wurde eigenverantwortliches Handeln nicht zugestanden. Der Kaiser mischte sich ständig in ihre Geschäfte ein. Als Instrument benutzte er die drei **Geheimkabinette.** Das waren die Berater-Kommissionen für Militär-, Marine- und Zivilangelegenheiten. Ihre Leiter bildeten eine Art Nebenregierung. Als **Oberster Kriegsherr** hatte der Kaiser nach Artikel 63 der Reichsverfassung auch im Frieden die Kommandogewalt über die Streitkräfte. Somit war er für militärische Angelegenheiten allein zuständig und machte davon ausgiebig Gebrauch. Mit seinen Geheimkabinetten und dem militärischen Oberbefehl hielt er auch alle wesentlichen Personalentscheidungen in Händen. Nur er berief Kanzler, Minister, Staatssekretäre, Botschafter und die hohen und höchsten Offiziere.

Wilhelm II. umgab sich zudem mit inoffiziellen Beratern, die in oft unverantwortlicher Weise die Entscheidungen des Herrschers mitbestimmten. Es entstand durch diese „Nebenregierungen" eine unkoordinierte Politik der obersten zivilen und militärischen Behörden. Die Geschichtsschreibung bezeichnet dieses im wilhelminischen Deutschland geltende Herrschaftsprinzip des „divide et impera" – also „teile und herrsche" – als **„Polykratie".**

Die Herrschaft dieses Monarchen fand breite **Zustimmung**. An einen antiliberalen und autoritären Staat und eine ihm entsprechende Herrschaftsausübung war das deutsche Volk gewöhnt. So gab es im wilhelminischen Deutschland kaum Ansätze zu einer Erfolg versprechenden **Opposition.** Sie wäre am ehesten noch von der in der **SPD** organisierten Arbeiterschaft zu leisten gewesen, die auch nach dem Auslaufen des Sozialistengesetzes in ihrer antimonarchischen und antibürgerlichen Haltung verharrte. Doch mit ihren Parolen des Klassenkampfes begab sich diese Partei so weit weg von der allgemein verbreiteten Staatsbejahung, dass viele Deutsche mit ihnen nichts zu tun haben wollten.

Diese fanden in Wilhelm II. den Herrscher, der ganz mit ihrem eigenen Wesen übereinstimmte. Er sprach den Leuten aus dem Herzen, wenn er die alten Traditionen beschwor, und genauso, wenn er die Errungenschaften des Fortschritts pries und tatkräftig Wissenschaft, Technik, Industrie und Handel förderte. Mit Wilhelm II., der seine Freunde in der Hochfinanz und Großindustrie hatte, sah man den Garanten für einen immer weiter wachsenden Wohlstand. Sein Versprechen: **„Ich führe euch herrlichen Zeiten entgegen“** beschwingte die Menschen. Der deutsche Bürger empfand tiefe Genugtuung, wenn der Kaiser wieder einmal Deutschlands **Weltmachtanspruch** anmeldete. Er war stolz auf die **militärische Stärke** des Reiches, und ihn beruhigte die Versicherung, dass Armee und Flotte von keiner Macht der Erde überwunden werden könnten. Dass bei den Nachbarn die aggressiven Töne des Kaisers Unmut hervorriefen, bemerkten die Deutschen kaum.

Karikatur Wilhelms II., der nach Ansicht seiner Zeitgenossen seine Nase in alles steckte.

Nachfolger Bismarcks war der Armeegeneral **Leo von Caprivi, Reichskanzler** von 1890–1894 und **preußischer Ministerpräsident** von 1890–1892. Für diese hohen Regierungsämter fehlten ihm jedoch fachliche Kenntnisse und die notwendige Erfahrung. Der Kaiser, der sich bei Antritt seiner Herrschaft als politisches Ziel die **Versöhnung im Innern** vorgenommen hatte, glaubte in Caprivi den geeigneten Mann dafür gefunden zu haben. Er erfüllte zwei Voraussetzungen, diesen innenpolitischen Kurs erfolgreich zu steuern: Auch ihm ging es darum, die sozialen Spannungen zu überwinden, und er verfügte dazu über genug Energie und Durchsetzungsfähigkeit.

Schon bei seinem Amtsantritt ließ Caprivi erkennen, dass Bismarcks autoritäre Alleinregierung zu Ende war. Er gab den ihm unterstellten preußischen Ministern und den Staatssekretären der Reichsämter bei der Wahrnehmung ihrer Geschäfte mehr Selbstständigkeit.

Mit der **Nichterneuerung** von Bismarcks **Sozialistengesetz im Herbst 1891** begann die Versöhnungspolitik Caprivis. In einem zweiten Schritt brachte er die sozialpolitischen Erlasse des Kaisers vom Februar 1890 auf den Gesetzgebungsweg. Eine **erneuerte Gewerbeordnung** verbot die Sonntagsarbeit und begrenzte den Arbeitstag für Frauen auf elf Stunden. Weiterhin durften Kinder bis zum dreizehnten Lebensjahr überhaupt keine Fabrikarbeit mehr leisten, Kinder unter sechzehn täglich nur noch zehn Stunden. Arbeitsrechtliche Konflikte sollten Schlichtungsstellen beilegen, denen Vertreter der Arbeitgeber- und Arbeitnehmerseite angehörten.

Der erste Anlauf, mit diesem Gesetzeswerk auf den Weg zum sozialen Frieden zu gelangen, erfüllte nicht die Erwartungen von Kaiser und Kanzler. Der Obrigkeitsstaat stieß bei diesem Versöhnungsversuch auf die **Ablehnung der Arbeiterschaft.** Sie verweigerte das erwartete Wohlverhalten und lief verstärkt der sozialistischen Partei zu, die sich auf dem **Erfurter Parteitag** im Oktober 1891 in **Sozialdemokratische Partei Deutschlands** umbenannt hatte. Sie sah den Gegensatz von Bourgeoisie und Proletariat in der modernen Gesellschaft als „zwei feindliche Heerlager" und propagierte im **Erfurter Programm** den **Klassenkampf,** der „die Abschaffung der Klassenherrschaft und der Klassen selbst" bringen sollte.

Ein weiteres Ergebnis von Caprivis Innenpolitik war die große **Steuerreform in Preußen.** Er schaffte das geltende Steuerrecht ab, bei der die Abgabepflichtigen nach Klassen veranlagt waren, und führte eine progressive Einkommensteuer ein. Dadurch ermäßigte sich der Steuersatz für geringe Einkommen und stieg für mittlere und hohe, was zu mehr Steuergerechtigkeit beitrug.

Der Reichskanzler sah eine besondere Verpflichtung darin, die Absatzbedingungen der aufstrebenden Industrie zu verbessern. Der Binnenmarkt allein konnte die heimische Produktion nicht mehr aufnehmen. Eine **Exportsteigerung** war jedoch nur möglich, wenn den Ländern, die deutsche Waren kaufen sollten, durch **Senkung der Einfuhrzölle** der Import nach Deutschland erleichtert wurde. Bismarck hatte 1878 zum Schutz des inländischen Getreides Schutzzölle eingeführt. Nun schloss Caprivi **Handelsverträge** mit Österreich, Belgien, Italien und der Schweiz ab. Durch niedrigere Zölle stieg die Getreideeinfuhr nach Deutschland, was wiederum in einer Zeit allgemeiner Verteuerung zu sinkenden Brotpreisen führte. So hatten die Handelsverträge außer dem Nutzeffekt für die heimische Industrie auch positive soziale Auswirkungen.

Doch die **Deutschkonservativen,** die Partei der **Großgrundbesitzer,** sah dadurch die deutsche Landwirtschaft bedroht. Sie riefen zum Kampf gegen Caprivis Handelspolitik auf und gründeten 1893 den **Bund der Landwirte.** Dieser Interessenverband wurde zum Instrument der ostelbischen Herren, denen durch die Industrialisierung ihr erster Rang in Staat und Gesellschaft verloren ging, und die darum kämpften, ihn zu behalten.

Wegen seiner Schulpolitik war Caprivi 1892 zum Rücktritt vom Amt des preußischen Ministerpräsidenten gezwungen worden. Nun scheiterte er auch mit dem liberalen Wirtschaftskonzept, das die Absatzprobleme der Industrie lösen und zugleich zur Versöhnung der Klassen beitragen sollte. Unter seinem streng konservativen Nachfolger im Amt des preußischen Ministerpräsidenten Eulenburg verschärften sich die **Spannungen zur Sozialdemokratie,** die in den Reichstagswahlen von 1893 erneut stark an Stimmen gewonnen hatte. Die Regierung suchte einen Anlass, um gewaltsam gegen die SPD vorgehen zu können.

Die Ermordung des französischen Staatspräsidenten Carnot durch einen Anarchisten lieferte ihr dafür die Handhabe. Der Kaiser und der neue preußische Ministerpräsident Eulenburg forderten vom Reichstag ein Sondergesetz gegen die zur „Umsturzpartei" erklärte SPD, die so genannte **Umsturzvorlage.** Dies war ein Gesetz, das sich nicht allein gegen die Sozialisten richtete, sondern gegen alle Kräfte in Politik, Presse, Wissenschaft und Kunst, an denen die Regierung etwas auszusetzen hatte. Caprivis Einwand, er werde keine Reichstagsmehrheit für ein solches Gesetz bekommen, veranlasste den Kaiser zu erwägen, durch ein neues Wahlrecht oppositionelle Kräfte im Parlament von vornherein auszuschalten. Der Kanzler widersetzte sich auch diesem vom preußischen Ministerpräsidenten Eulenburg geförderten Staatsstreichplan. Damit war der Gegensatz zwischen dem Reichskanzler und dem Ministerpräsidenten Preußens unüberbrückbar geworden. Beide erhielten ihren Abschied.

Zum Nachfolger in ihre Ämter berief der Kaiser den fünfundsiebzigjährigen **Chlodwig Fürst zu Hohenlohe Schillingsfürst** (1894–1900). Das Ausscheiden Caprivis beendete nun auch den sozialpolitischen Reformkurs. In der deutschen Innenpolitik kam der nach Bismarcks Entlassung etwas zurückgetretene Konservatismus wieder verstärkt zur Geltung. Der Kaiser war inzwischen zu der Ansicht gekommen, dass die Nachgiebigkeit des Staates die zum Umsturz bereiten Sozialisten gestärkt hätte. Ende 1894 brachte die Regierung erneut die „Umsturzvorlage" ein. Der Reichstag lehnte sie mit ebenso großer Mehrheit ab wie die Verschärfung der Streikgesetze.

Nach dreißig Jahren staatlicher deutscher Einheit gelang es der Regierung Hohenlohe erstmals ein für das gesamte Reich geltendes Recht zu verabschieden. Diese bedeutende Leistung war das **Bürgerliche Gesetzbuch,** das **BGB,** das am **1. Januar 1900** in Kraft trat.

Als dritten Kanzler und zugleich preußischen Ministerpräsidenten berief der Kaiser den Staatssekretär im Auswärtigen Amt **Bernhard von Bülow** (1900–1909). Wilhelm II. meinte, mit ihm vor allem für die Außenpolitik, aber ebenso zur Lösung der inneren Probleme den richtigen Mann gefunden zu haben. Bülow, ohne gesicherte Mehrheit im Parlament, sammelte wechselweise aus den verschiedenen Lagern Kräfte, die seinen weltmachtpolitischen Ehrgeiz ebenso bejahten wie den „Kampf gegen die soziale Revolution“ im Innern. Ihn unterstützten die Konservativen und das national gesonnene Besitz- und Bildungsbürgertum. Mit viel Geschick verstand er es, jeweils regierungsfähige Mehrheiten hinter sich zu bringen. Ab 1907 konnte er sich auf einen gegen SPD und Zentrum gerichteten Zusammenschluss konservativer und liberaler Parteien stützen, den so genannten **Bülow-Block.**

Fürst Bernhard von Bülow (1849–1929)

Das vertrauensvolle Verhältnis zwischen Kaiser und Kanzler erhielt 1908 einen tiefen Riss durch die **Daily-Telegraph-Affäre.** Im Oktober stand in dieser englischen Zeitung ein Interview, das der Kaiser anlässlich eines Besuches in England einem dortigen Freund gewährt hatte. Darin betonte er seine persönliche Sympathie zu England und ließ die erstaunte Öffentlichkeit in beiden Ländern wissen, wie sehr er Helfer und Beschützer des Empires sei.

Die Engländer empfanden solche Äußerungen als Anmaßung. Auch den guten Beziehungen des Reiches zu dem den Briten gegenüber eifersüchtigen Russland schadeten die im Interview veröffentlichten Ansichten.

In Deutschland entfachte die Daily-Telegraph-Affäre Stürme der Entrüstung und beschwor eine Verfassungskrise herauf. Als es darüber zu einer **Reichstagsdebatte** kam, wandten sich alle Parteien einhellig gegen den Monarchen. Unter diesem Druck gab der Kaiser eine Erklärung ab, in der er für die Zukunft politische Zurückhaltung versprach. Der Interview-Text war vor seiner Veröffentlichung Bülow vorgelegt worden, der ihn auf seine politische Unbedenklichkeit prüfen sollte. Da die Reichskanzlei nichts eingewandt hatte, sah sich Wilhelm II. von seinem Kanzler hintergangen. Bülow trug für die Veröffentlichung der verbalen Entgleisungen des Kaisers einen Großteil der Verantwortung, ließ aber Wilhelm II. vor dem Reichstag im Stich. Damit war dem Verhältnis zwischen Herrscher und Regierungschef die Vertrauensbasis entzogen. Der Kaiser war entschlossen, den Kanzler zu entlassen. Als Bülow 1909 mit seiner Reichsfinanzreform scheiterte, endete auch seine Kanzlerschaft.

Sein Nachfolger im Reich und in Preußen wurde der frühere preußische Innenminister und Staatssekretär des Reichsamtes des Innern **Theobald von Bethmann Hollweg** (1909–1917). Den konservativ-liberalen Block, der im Reichstag seit 1907 Bülows Politik mitgetragen hatte, gab es seit der gescheiterten Reichsfinanzreform nicht mehr. Der Kanzler hatte also keinen verlässlichen parlamentarischen Rückhalt. So suchte er die Unterstützung für seine Politik bei außerparlamentarischen Kräften und stimmte seine Regierungsmaßnahmen mit dem Hof, der Verwaltung und der Armee ab. Bei der Vorzugsstellung der hohen Militärs am Hof und in den Staatsämtern bekam nun auch die Regierung ein militärisches Übergewicht, was den **imperialistischen, nationalistischen und militaristischen Geist** der Epoche stärkte.

Der Zusammenschluss der liberalen Parteien **zur Fortschrittlichen Volkspartei** kennzeichnete die parteipolitische Entwicklung unter der Kanzlerschaft Bethmann Hollwegs. Sie vertrat einen linksliberalen Kurs und näherte sich der SPD. Wilhelms II. Position war durch die Daily-Telegraph-Affäre nachhaltig geschwächt. Über die Regierungsform der konstitutionellen Monarchie hatte eine grundsätzliche Diskussion begonnen. SPD und Fortschrittliche Volkspartei betrieben von nun an eine Verfassungsänderung mit dem **Ziel,** die konstitutionelle durch eine **parlamentarische Monarchie** abzulösen. Die außenpolitischen Krisen vor dem Ersten Weltkrieg, mehr noch die Zwänge, die durch seinen Ausbruch auf die deutsche Innenpolitik einwirkten, ließen Bestrebungen, das Wesen dieses Staates grundlegend zu ändern, versanden.

Der Untergang des wilhelminischen Reiches im Jahr 1918 erledigte die Frage der verfassungsmäßigen Stellung des Monarchen schließlich von selbst.

Deutschlands Außenpolitik und Weltmachtstreben

Von einer aktiven europäischen Außenpolitik konnte bei den deutschen Einzelstaaten vor 1870 nicht die Rede sein. Nur Preußen und Österreich als Großmächte im Deutschen Bund waren in Europa zwischenstaatlich verflochten. Das 1871 entstandene **Deutsche Reich** sah sich also recht unvermittelt in internationale Beziehungen gestellt. **Drei wesentliche Voraussetzungen** mussten für einen außenpolitischen Erfolg beachtet werden:

- **Das geeinte Deutschland** erschien als **ein neuer Großstaat in Europa.** Das ließ das bis dahin sichere europäische Gleichgewicht instabil werden. Seine bei der durch Kriege herbeigeführten Reichseinigung bewiesene militärische Stärke beunruhigte die Nachbarn Deutschlands ebenso wie die Inbesitznahme Elsass-Lothringens. Frankreich konnte die Niederlage im deutsch-französischen Krieg nicht verschmerzen und suchte die Rückgewinnung seiner an Deutschland abgetretenen Ostgebiete. Damit bekam die französisische Außenpolitik gegenüber dem östlichen Nachbarn von vornherein revanchistischen Charakter. Wollte das Reich im Kreis der europäischen Staaten Vertrauen gewinnen, ging das nur durch eine **Politik der Bescheidenheit.** Daher betonte Bismarck stets, Deutschland sei **saturiert** und hielte am Status quo fest.
- Die **geografische Mittellage** des Reiches, zudem ohne natürliche Grenzen, erforderte zur Gebietssicherung eine Außenpolitik der **Defensivbündnisse,** also Abkommen, bei denen die Beistandsverpflichtung nur dann eintritt, wenn einer der Partner von einer dritten Macht angegriffen wird. Das Reich war 1879 mit Österreich den **Zweibund** eingegangen, der sich 1882 durch Italiens Beitritt zum **Dreibund** erweiterte. Mit Russland schloss es 1887 den **Rückversicherungsvertrag.** Er sollte ein gegen Deutschland gerichtetes Bündnis Russlands mit Frankreich verhindern und umgekehrt Russland gegenüber Österreich sichern.
- Bismarck wollte die Beziehungen des Reiches zu den anderen Großmächten nicht durch überseeische Aktivitäten unnötig belasten. Daher bemühte er sich um **Zurückhaltung in der Kolonialpolitik** und betonte Deutschlands kontinentaleuropäische Rolle. Nur sehr widerstrebend erfüllte er die seit 1884 laut werdenden Forderungen nach aktiver Kolonialpolitik des Reiches. Der von Bismarck angestrebte Verzicht entsprang der Rücksicht auf das gute Verhältnis zur traditionellen englischen Überseemacht. Auch dem Kolonial-Imperialismus Frankreichs gegenüber stellte Bismarck sich wohlwollend ein. Er versuchte dadurch, das seit 1870 schwer belastete deutsch-französische Verhältnis wieder zu verbessern.

Das Ende der Kanzlerschaft des Reichsgründers brachte die totale Wende in den Grundsätzen deutscher Außenpolitik. Für Wilhelm II. war die diplomatische Sicherung Deutschlands von zweitrangiger Bedeutung. Er sah seine Außenpolitik als einen Wettkampf mit den imperialistischen Mächten um den **Platz an der Sonne.** Die Sicherheit Deutschlands verbürgten nicht Bündnisse, sondern allein die **militärische Stärke** des Reiches. Des Kaisers drohende Reden, an die Adresse der Nachbarn gerichtet, ließen darüber keinen Zweifel.

Der Vertrag vom 1. März 1883, der den Erwerb des Küstenplatzes Angra Peguena durch den Bremer Kaufmann Lüderitz bestätigt.

Dieses Konzept wurde zur Grundlage der nach 1890 vom Reich betriebenen **Außenpolitik der freien Hand,** einer Politik des falschen Grundansatzes und einer Folge von Fehlleistungen. Sie führte zwangsläufig zu außenpolitischer Lähmung und **Isolierung des Deutsches Reiches.**

Nach Bismarcks Amtsentlassung lehnte Deutschland das russische Angebot ab, den Rückversicherungsvertrag um drei Jahre zu verlängern. Diese Entscheidung basierte im Wesentlichen auf folgenden Gründen:

- Den deutschen Außenpolitikern war das kunstvolle Bündnissystem Bismarcks zu kompliziert. Sie wollten ihre internationalen Beziehungen so „einfach und transparent“ wie möglich gestalten.
- Österreich, das sich in ständiger Spannung zu Russland befand, sollte sicher sein, dass sein Bündnispartner Deutschland kein „doppeltes Spiel“ treibe.
- Man wollte den bestehenden russisch-englischen Gegensatz nützen und mit der deutschen Absage an Russland einem deutsch-englischen Bündnisvertrag den Boden bereiten.

Die Ablehnung, den **Rückversicherungsvertrag mit Russland** zu verlängern, hatte schwer wiegende Folgen. Bisher hatte das deutsch-russische Bündnis bewirkt, dass Österreich sich in seiner Balkanpolitik, die stets in Konflikt zu Russland geriet, mäßigte. Nun brauchte Österreich auf deutsche Belange nicht mehr Rücksicht zu nehmen. Das kam einer vom Deutschen Reich ausgehenden Ermutigung Österreichs gleich, seine abenteuerliche Balkanpolitik fortzusetzen. So wurde es auch in Russland verstanden. Man sah in Deutschlands Haltung das Signal dafür, dass das Reich nun im offenen Widerspruch zu den russischen Interessen Österreich unterstützen werde. Damit war Russland gezwungen, die Partnerschaft einer anderen europäischen Großmacht zu suchen. Bei den traditionell gespannten Beziehungen des Zarenreiches zu Großbritannien kam dafür nur Frankreich infrage.

Das russische Misstrauen gegen seinen deutschen Nachbarn, zu dem bis dahin immer ein ungetrübt freundschaftliches Verhältnis bestanden hatte, wurde durch den **Helgoland-Sansibar-Vertrag von 1890** noch verstärkt. Dieses Kolonialabkommen zwischen dem Reich und Großbritannien war, kurz nachdem die Deutschen den Rückversicherungsvertrag aufgaben, zustande gekommen. Kolonialstreitigkeiten beider Staaten in Ost- und Südwestafrika sowie in Togo wurden durch diesen Vertrag bereinigt, und England erhielt im Tausch gegen Helgoland die Ostafrika vorgelagerte Insel Sansibar. England sah darin lediglich ein Mittel, seinen afrikanischen Besitz abzurunden. Die deutsche Außenpolitik aber bewertete diesen Vertrag als Grundstein einer deutsch-britischen Bundesgenossenschaft. So schätzte es auch die russische Regierung ein. Dort befürchtete man sogar, Großbritannien habe nun den ersten Schritt zum Dreibund und damit in eine antirussische Koalition getan. Als Reaktion nahm die russische Diplomatie Gespräche mit Frankreich auf. Doch die Verantwortlichen der deutschen Außenpolitik unterschätzten die Tragweite dieser Annäherung. Russland, so ihr Argument, würde nie für Frankreich um Elsass-Lothringen kämpfen, und Frankreich nicht für die Balkaninteressen des Zaren.

Doch schon 1891 unterzeichneten Frankreich und Russland ein Abkommen, in dem sich beide Mächte gegenseitige diplomatische Unterstützung zusicherten. Danach dehnten sie ihr Verhältnis zu einer **Militärkonvention** aus. In ihr verpflichtete sich Frankreich, im Fall eines deutschen oder deutsch-österreichischen Angriffs den Russen beizustehen. Umgekehrt konnte Frankreich bei einem deutschen oder italienischen Überfall der Hilfe Russlands sicher sein. Für Frankreich bedeutete die gewonnene Partnerschaft die Loslösung aus der diplomatischen Isolation, die Bismarck für unbedingt notwendig gehalten hatte, wenn das Reich einen Krieg um Elsass-Lothringen vermeiden wollte.

Deutschland hatte auf dem Kontinent **außer Österreich keinen Partner.** Daher versuchte es, das Kolonialabkommen mit England zu einem durch Garantien und Verträge gefestigten Bündnis auszuweiten. Doch die Engländer waren einem Bündnis mit Deutschland eher abgeneigt. Hundertfünfzig Jahre lang hatte sich Großbritanniens Politik der „splendid isolation", des „glanzvollen Alleinseins", das Bündnisse vermied, bewährt. Es gab für das britische Empire keinen Grund, diesem Prinzip untreu zu werden. Der sich anbietende deutsche Partner war in kurzer Zeit nicht nur militärisch sehr mächtig geworden. Er vertrat auch zunehmend herausfordernder seine Kapital- und Wirtschaftsinteressen auf den Weltmärkten und gab damit dem imperialistischen England Anlass zu Misstrauen.

Wilhelm II. verspielte die Aussicht auf das erwünschte Bündnis mit Großbritannien selbst durch die so genannte **Krügerdepesche von 1896.** Das Haupthindernis auf dem Weg zu einem britischen Südafrika und damit zu einem geschlossenen englischen Kolonialreich von Kairo bis zum Kap waren die selbstständigen Burenrepubliken. Als im Dezember 1895 die Briten Transvaal überfielen, um diesen Staat zu beseitigen, wurden sie von den Buren vertrieben. Der deutsche Kaiser übermittelte daraufhin Paul Krüger, dem Präsidenten von Transvaal, seine Glückwünsche. Das geschah auf Anraten des deutschen Auswärtigen Amtes. Dort meinte man, England belehren zu müssen: Wer Deutschlands Freundschaft ausschlägt, hat mit seiner Gegnerschaft zu rechnen. Diese von deutschen Nationalisten bejubelte Provokation empfanden die durch die südafrikanischen Ereignisse bereits gedemütigten Engländer als hinterhältig geführten Schlag. Die Rechnung der deutschen Außenpolitiker, das durch freundliches Werben nicht zustande kommende Bündnis mit einem gegenteiligen Verhalten zu erreichen, war nicht aufgegangen. Die Krügerdepesche brachte die Kehrtwende in den Beziehungen der beiden Länder: Großbritannien beobachtete von nun an mit wachsendem Misstrauen die Vorgänge in Deutschland. In London stellte man fest, dass die **deutsche Hochfinanz und Großindustrie eine aggressive Weltpolitik** betrieben und die Reichsregierung zielgerichtet darauf hinarbeitete, die britische Vorherrschaft auf den Weltmeeren infrage zu stellen. Die deutsche Öffentlichkeit, repräsentiert durch vaterländische Vereine und Verbände und ein nationalistisches Bürgertum, befürwortete die Politik des Reiches, das britische Empire zu überrunden.

Trotzdem gab es noch **Chancen für eine Übereinkunft,** so 1898, als der in **Faschoda** sichtbar gewordene britisch-französische Kolonialstreit Kriegsgefahr für beide Länder heraufbeschwor. Diese Situation gab der deutschen Außenpolitik für einen Moment die Möglichkeit, den französisch-englischen Konflikt für ein antifranzösisches Bündnis mit England zu nutzen.

Während des **Burenkrieges** von 1899–1902 änderte sich Großbritanniens Haltung Deutschland gegenüber. Wegen seines Vorgehens in Südafrika hatte England sich weltweit isoliert und signalisierte nun dem Reich Bündnisbereitschaft. Aber in Deutschland waren Kräfte meinungsführend, die das Land für militärisch absolut gesichert hielten. Sie empfahlen, Bündnissen überhaupt auszuweichen, weil diese naturgemäß den außenpolitischen Spielraum einengen. Daher betrachteten sie Englands Werben reserviert. Unter dem Eindruck des erfolgreichen Widerstands der Buren gingen sie von der Annahme aus, das britische Empire sei eine absteigende Macht. Hatte es doch, um 60 000 Buren zu besiegen, 350 000 Soldaten aufbieten müssen. Hinzu kam, dass die deutsche Außenpolitik England international für isoliert hielt. Als feste Größe kalkulierte sie eine nicht zu überwindende russisch-britische Rivalität ein und schloss daraus, dass England als Bundesgenossen das Deutsche Reich brauche.

Aufgrund dieses Bewusstseins der Unentbehrlichkeit gab es auf deutscher Seite auch nicht die geringsten Bedenken, gegen England, dessen erster Rang in der Weltwirtschaft bisher unangetastet war, in offene Konkurrenz zu treten. Das Reich betrieb eifrig den von der Deutschen Bank finanzierten **Bau der Bagdadbahn** ins Erdölgebiet am Persischen Golf, was die Stellung Deutschlands im **Nahen Osten** stärken sollte. Auch die kolonialen und wirtschaftlichen Unternehmungen im **pazifischen Raum** und in **China** verstärkten bei den Briten den Eindruck, dass Deutschland sich überall auf dem Erdball ihren Interessen entgegenstelle und daher eher als ein gefährlicher Rivale denn als möglicher Verbündeter betrachtet werden müsse.

Plakat der „Deuschen Ost-Afrika-Linie", die von Hamburger Kaufleuten betrieben wurde.

Die nachhaltigste Störung in den bisher ungetrübten Beziehungen beider Länder entstand jedoch durch die **deutsche Flottenpolitik.** Eine starke Kriegsflotte, so meinten der Kaiser und seine Marine-Berater, müsse zum notwendigen Fundament deutscher Weltmachtstellung ausgebaut werden. Wilhelm II. gab die Parole aus: „Unsere Zukunft liegt auf dem Wasser". Das Reichsmarineamt unter seinem Staatssekretär Admiral Tirpitz begann 1897 mit dem planmäßigen Aufbau einer deutschen Schlachtflotte, **Risikoflotte** genannt. Sie sollte im Kriegsfall in der Lage sein, die britische Heimatflotte anzugreifen. Dabei müsse das Risiko für England so groß sein, dass es zum Schutz der „home fleet" gezwungen wäre, seine Verbände aus dem Mittelmeer und dem Fernen Osten abzuziehen. Je bedrohlicher also Deutschlands Flotte, so die deutsche Außenpolitik, umso geringer eine von England ausgehende Kriegsgefahr.

Gegenüber der Öffentlichkeit und dem Reichstag wurde der Begriff „Risiko" allerdings verharmlost. Trotzdem ließen die Propagandisten des „Flottengedankens" keinen Zweifel darüber, dass Deutschland danach strebte, die technisch perfekteste und in der Bewaffnung stärkste Seemacht der Welt zu werden. Für das insulare England musste jedoch der Grundsatz weiterhin gelten, die eigene Flotte immer so stark zu halten wie die zweit- und drittstärkste zusammen. Dieser **Two-Power-Standard** zwang England also zum Schiffs-Wettrüsten, wenn es sich nicht überrunden lassen wollte. Diplomatische Versuche, ein erträgliches deutsch-englisches Verhältnis herzustellen, wurden immer schwieriger. Angesichts der von Deutschland ausgehenden Bedrohung begann man in London darüber nachzudenken, sich endgültig von der Politik der „splendid isolation" zu lösen und Verbündete zu suchen.

Zwischen London und Paris waren die Verstimmungen um den afrikanischen Kolonialbesitz beigelegt. Auch hatten sich beide Länder geeinigt, auf der einen Seite das von England beanspruchte Protektorat über Ägypten und auf der anderen Seite Frankreichs Einfluss in Marokko gegenseitig zu respektieren.

Mit dieser Einigung war die Voraussetzung für ein britisch-französisches Freundschaftsverhältnis geschaffen. Durch diese **Entente cordiale von 1904** hatte Frankreich zum russisch-französischen Zweierverband einen Bundesgenossen hinzugewonnen. Im weiteren Verlauf kam darüber hinaus das von der deutschen Außenpolitik für unmöglich gehaltene Bündnis zwischen Großbritannien und Russland zustande. Die laienhafte deutsche Außenpolitik hatte durch ihre Passivität die Annäherung der drei Mächte gefördert und damit die **Tripelentente von 1907,** eine gegen das Reich gerichtete Allianz zwischen Frankreich, Russland und Großbritannien, ermöglicht.

In der Folgezeit standen sich mit Tripelentente und Dreibund zwei Bündnisblöcke in Europa gegenüber. Während die Tripelentente jedoch Stabilität bewies, zeigte sich im Gebäude des deutsch-österreichisch-italienischen Dreibundes ein erster Riss. Die Zusicherung Frankreichs, die italienische Politik in Nordafrika wohlwollend zu betrachten, führte zu einem französisch-italienischen Geheimabkommen, einer so gut wie sicheren **Neutralitätszusage Italiens an Frankreich** im Fall einer künftigen kriegerischen Verwicklung Frankreichs. Damit fiel bei einem wegen der Elsass-Lothringen-Frage immer möglichen deutsch-französischen Krieg einer der Dreibund-Partner des Deutschen Reiches von vornherein aus. So hatte die deutsche „Außenpolitik der freien Hand" in den anderthalb Jahrzehnten seit Bismarcks Entlassung zweierlei zur Folge:

- Das System der Bündnisse, das Deutschland vor einem Mehrfrontenkrieg sicherte, bestand nicht mehr.
- Die Isolation Frankreichs war beseitigt. Inzwischen war Deutschland isoliert.

Gesellschaftliche und geistige Kräfte im Kaiserreich

Das geistige Klima

Das Deutsche Reich von 1871 war das Ergebnis dreier Kriege, in denen der preußische Militärstaat die Führungsrolle übernommen hatte. Bismarcks Parole, dass nicht demokratische Diskussion, sondern **Eisen und Blut** die großen Fragen der Zeit entscheiden, war in den Augen der meisten Deutschen durch die Ereignisse bestätigt worden. Der mit der Revolution von 1848/49 erwachte freiheitlich-demokratische Geist wich der Überzeugung, dass sich eine Nation innen- wie außenpolitisch allein durch den Einsatz von Gewalt behaupten könne. In diesem Empfinden lag eine der Ursachen für den **Militarismus** der deutschen Bevölkerung. Die Voraussetzungen waren:

- der Militärstaat Preußen als der größte und stärkste Bundesstaat hatte mit seinen militärischen Traditionen Vorbildcharakter für die anderen deutschen Länder,
- seit den „Befreiungskriegen" und dem Sieg über Napoleon standen kriegerische Werte hoch im Kurs,
- die deutsche Autoritätsgläubigkeit war nirgends so unterwürfig wie auf dem Kasernenhof.

Auch in den Kinderbüchern marschieren deutsche Jungen im „Gleichschritt".

Militärisch geprägte Denkmuster beherrschten das gesamte Leben. Schon die Kindererziehung strebte die Vermittlung soldatischer Tugenden an und die Ableistung der **Militärdienstpflicht** galt als **Schule der Nation.** Wer zum Tragen einer Uniform berechtigt war, machte davon auch im zivilen Leben Gebrauch, vom Kaiser und dem Reichskanzler angefangen bis zum Bahnhofsvorsteher und Briefträger. Der **Hauptmann von Köpenick,** jener vorbestrafte Schuster, der sich 1906 in der Uniform eines Hauptmanns die Stadtkasse von Köpenick ausliefern ließ, ist das tragik-komische Beispiel für die blinde Uniformgläubigkeit der Deutschen. An der Spitze aller Stände stand der Offizier. Und auch im Bürgertum war das berufliche Fortkommen eines Mannes an den Rang eines Oberleutnants oder Hauptmanns der Reserve gekoppelt. Das Straßenbild der deutschen Städte war von Uniformen beherrscht. Doch nicht nur junge Männer gaben sich dem Soldatentum mit ganzem Herzen hin, auch alte Leute, deren militärische Dienstjahre längst der Vergangenheit angehörten, waren in Krieger- und Veteranenvereinen organisiert. Ein dichtes Netz solcher Vereinigungen überspannte ganz Deutschland.

Dem, was sich im Erscheinungsbild des öffentlichen Lebens als totale Militarisierung spiegelte, entsprach die politische und wirtschaftliche Realität. 1913 betrug die Friedensstärke des deutschen Heeres 660 000 Mann. Das waren 100 000 mehr als die der französischen Armee. Und im Staatshaushalt rangierten die immensen Kosten für Heer und Flotte an erster Stelle.

Der fortschreitende Militarismus vollzog sich vor dem Hintergrund eines immer lauter und aggressiver werdenden **Nationalismus.** Seine Verkünder predigten die kulturelle Überlegenheit der Deutschen. Dabei wurden Thesen laut wie „am deutschen Wesen wird die Welt genesen". Auch priesen sie die allen anderen Nationen überlegene „deutsche Volkskraft", die sich in jedem Waffengang als siegreich erweisen würde. Die Anhänger solch überheblicher Lehren entstammten vor allem dem Bildungsbürgertum. Es war ein Großteil der Universitätsprofessoren, die Derartiges propagierten und bei der studentischen Jugend damit begeisterte Zustimmung ernteten.

Der Abschluss des Helgoland-Sansibar-Vertrages von 1890, der bei vernünftiger Betrachtung beiden Partnern nur Vorteile eintrug, stieß in den nationalistischen Kreisen Deutschlands auf heftige Ablehnung. Die Rede war von einer Preisgabe deutscher Weltmachtpositionen. Im Verlauf der Proteste organisierten sich 1891 die aggressiven Nationalisten. Sie gründeten einen „Allgemeinen deutschen Verband", der ab 1894 den Namen **Alldeutscher Verband** trug. Er wollte das deutsche „Nationalbewusstsein" stärken, das „Deutschtum im Ausland" fördern und auf die Außen-, Kolonial- und Flottenpolitik einwirken, damit sie den Anspruch auf deutsche Weltgeltung mit noch mehr Nachdruck vertrat. Der Öffentlichkeit unablässig zu predigen, dass die Hochrüstung zur See eine Lebensfrage des ganzen Volkes sei, übernahm dann mehr und mehr der 1898 gegründete **Deutsche Flottenverein.** Er warb mit nationalistischen Veranstaltungen nicht nur um ideelle Anhängerschaft, sondern unterstützte die Finanzierung des Schlachtschiffbaus durch Sammlungen unter seinen Gefolgsleuten sehr aktiv. Der Vereinigung gehörten 1914 weit über eine Million Mitglieder an. Diese und andere vaterländische Zusammenschlüsse repräsentierten eine große Volksmehrheit. Der unheilvolle Einfluss ihres **„Hurrapatriotismus"** auf die Tagespolitik hatte wesentlichen Anteil an der bei den europäischen Nachbarn entstehenden Furcht vor einem kriegslüsternen Deutschland.

Schichtengesellschaft und Minderheiten

Die Gesellschaft im Kaiserreich war durch ein hohes Maß sozialer Ungleichheit geprägt, die nicht allein in den auffallenden Gegensätzen und Abstufungen zwischen arm und reich sichtbar wurde. Die Stände, als Pyramide aufgebaut, waren voneinander streng abgeschottet.

An ihrer Spitze stand der **Adel.** Er besetzte Führungspositionen in Regierung, Verwaltung und Diplomatie und stellte überwiegend das Offizierskorps.

Gebeugte Rücken vor den Spitzen der Gesellschaft.

Innerhalb der Adelsgesellschaft gehörte der engere Kreis an den Höfen in Berlin und den Residenzen der Bundesstaaten zu den besonders Privilegierten. Sie entstammten zumeist dem Hochadel. Dazu zählten aber auch die ranghöchsten Beamten in der Verwaltung, die Botschafter und Gesandten der deutschen Auslandsvertretungen und die Inhaber hoher Kommandostellen in Armee und Marine.

Klassengesellschaft schon im Treppenhaus.

Den gleichen gesellschaftlichen Rang nahmen die hochadligen **Großgrundbesitzer** ein. In den preußischen Ostprovinzen, vor allem in Schlesien, bewirtschafteten sie agrarische Großbetriebe von weit über 5 000 ha.

Eine Stufe darunter stand die größere Zahl der Grund besitzenden **Junker,** deren **Rittergüter** durchschnittlich 500 ha umfassten. Als Gegenleistung für ihre enge Verbindung zur Monarchie erwarteten diese politisch konservativen Landwirte Schutzzölle auf Getreideimporte. Sie wollten den Absatz ihrer Produkte vor der Konkurrenz billiger Einfuhren schützen.

Wie innerhalb des Adels bestand auch im Bürgertum eine Stufenordnung. Es gab noch die traditionsverbundenen **Bürger,** zum Beispiel die der alten Handelshäuser in den Hansestädten oder die Gründer industrieller Betriebe aus dem Handwerk. Daneben erschien mit der wachsenden technischen und wirtschaftlichen Dynamik in den Reihen der Erfinder und der risikofreudigen Kapitalanleger ein neuer Typus des erfolgreichen Geschäftsmannes. Zwischen 1900 und 1914 gab es in Deutschland 30 000 Millionäre. Ihr Sozialprestige war Ergebnis des eigenen wirtschaftlichen Erfolgs. Um ihren sozialen Rang auch nach außen sichtbar werden zu lassen, erstrebten sie die Erhebung in den Adelsstand. Dadurch waren sie mit der führenden Gesellschaftsschicht gleichrangig. Wo sich Unternehmen zu Großbetrieben entwickelten, übergaben die erfolgreichen Gründer die Leitung der zu Aktiengesellschaften gewordenen Firmen verdienten Mitarbeitern. Diese Direktoren, die ebenfalls Reichtum erwarben und sich einen aufwendigen Lebensstil leisteten, gehörten damit ebenfalls zum Großbürgertum.

Eine Oberschicht, deren Rang weder auf einem Adelsbrief noch auf materiellem Reichtum beruhte, stellten die **Bildungsbürger** dar. Auch für den bürgerlichen Menschen gab es die Chance sozialen Aufstiegs durch wissenschaftliche oder künstlerische Leistung. Hochschulprofessoren, Ärzte, Anwälte, erfolgreiche Literaten und bildende Künstler verfügten über Einkünfte, die ihnen einen höheren Lebensstandard und gesellschaftliche Anerkennung.sicherten.

Eine besondere Bedeutung gewann im Obrigkeits- und Verwaltungsstaat die immer größer werdende **Beamtenschaft.** Die Angehörigen der höheren Ränge – Richter, Staatsanwälte, Medizinalräte, Gymnasialprofessoren, Rechnungsräte – gehörten ebenfalls zum gehobenen Bürgertum. Um dorthin zu gelangen, waren vorgeschriebene Laufbahnvoraussetzungen zu erfüllen. Nach gut bestandenen Hochschulexamen und erfolgreich durchlaufenen Vorbereitungsdiensten erhielt man die Anstellung beim Staat und konnte auf der Beförderungsleiter aufsteigen.

Zum Bürgertum zählte, wenn auch eher einer **bürgerlichen Mittelschicht** zugehörig, die Klasse der wohlhabenden selbstständigen Handwerksmeister. Sie beschäftigten in ihren Familienbetrieben lohnabhängige Gesellen und bildeten Lehrlinge aus. Ihr Leben in der Gemeinschaft war bestimmt durch ein betont „gutbürgerliches" Auftreten, in der Teilnahme am städtischen Vereinswesen und in der Wahrnehmung öffentlicher Ehrenämter. Die Verbundenheit mit ihrer Kirche äußerte sich nicht allein im sonntäglichen Gottesdienstbesuch. In ihrer politischen Einstellung waren sie überwiegend deutschnational.

Zu einer **neuen Mittelschicht** gehörte der **Angestellte.** Durch wachsende Bürokratisierung der Wirtschaft und Industrie entstand ein großer Bedarf an Bürokräften. Der „Handlungsgehilfe" war ein zukunftsreicher und Aufstiegschancen bietender Beruf. Gegenüber dem Fabrikarbeiter genoss er aufgrund der angenehmeren Arbeitsbedingungen ein höheres soziales Ansehen. Er hatte auch einen sicheren Arbeitsplatz, Anspruch auf bezahlten Urlaub und Pension. Das alles blieb dem Arbeiter noch lange vorenthalten. Die Angestellten bewerteten ihre Arbeit als wesentlichen Beitrag zur wirtschaftlichen Expansion Deutschlands. Unter ihnen war deshalb der Typus des pflichtbewußten, staatstreuen Untertanen weit verbreitet. Sie strebten nach sozialem Aufstieg. Darum wollten viele ihren Kindern durch eine gute Schulbildung Wege erschließen, die ihnen noch mehr Wohlstand und Ansehen bringen sollten.

Die **Industriearbeiterschaft** bildete die zahlenmäßig stärkste gesellschaftliche Schicht. Im Kaiserreich standen die großen sozialen Nöte, die den marxistischen Klassenkampf einst gerechtfertigt hatten, nicht mehr im gleichen Maß im Vordergrund. Zwischen 1871 und 1913 stiegen die Löhne stetig an. Der durchschnittliche Arbeitsverdienst hatte sich in dieser Zeit reichlich verdoppelt.

Betrug der Zuwachs der Reallöhne in den fünf Jahren zwischen 1895 und 1900 elf Prozent, so stieg er in den darauf folgenden Jahren bis 1913 gegenüber 1895 um 25 Prozent.

Der Lebensstandard einer Arbeiterfamilie war jedoch nicht allein abhängig vom Lohn des erwerbstätigen Vaters. In einem hohen Maße kam es bei dem, was einer Familie zum Leben blieb, auf die Zahl der weiteren Verdiener und der Nebeneinkünfte an. Zumeist ging die Arbeiterfrau auf „Putzstellen". Kinder, die schon selbst ein kleines Einkommen hatten, gaben daheim Kostgeld ab. Und zusätzlich konnte man eine Schlafstelle an einen „Schlafgänger" vermieten.

Die harten Arbeitsbedingungen verbesserten sich durch Verkürzung der Arbeitszeit und mit der 1897 erfolgten Einführung staatlicher Fabrikinspektoren. Sie kontrollierten die Betriebe auf gesundheitsgefährdende und unfallträchtige Mängel und sorgten dafür, sie abzustellen. Allerdings steigerten sich Arbeitstempo und Arbeitsintensität beträchtlich. Konnte ein älterer Arbeiter den sich erhöhenden Anforderungen nicht mehr gerecht werden, sank er in eine geringer zu vergütende Lohngruppe ab. Meist erbrachte, wer die Vierzig überschritten hatte, die bisherigen Akkordleistungen nicht mehr. Hierin unterschied sich die Existenz eines Arbeiters von der eines Mannes in „bürgerlicher Position", wo der berufliche Aufstieg im vierten Lebensjahrzehnt erst richtig in Fahrt kam. Die frühindustrielle Altersverarmung blieb, wenn auch in etwas abgeschwächter Form, in Deutschland ein Problem.

Die **Arbeiter** oder „Proletarier", wie sie sich nannten, standen der geltenden politischen und gesellschaftlichen Ordnung ablehnend gegenüber. Sie waren überwiegend Gefolgsleute der SPD, die den wilhelminischen Obrigkeitsstaat bekämpfte.

In ihrer Haltung zu den Kirchen zeigten sie eine unterschiedliche Einstellung. Während die katholische Kirche vor allem in ihren traditionellen Gebieten auch Arbeiterkreise noch an sich zu ziehen vermochte, konnte die evangelische den tiefer werdenden Graben zur Arbeiterschaft nicht mehr überwinden. Das „Bündnis von Thron und Altar" und ihr einseitiges Interesse für das wohlhabende Bürgertum stellte sie zu unmissverständlich auf die Seite der „herrschenden Klasse".

Die Arbeiterfamilien lebten in sehr beengten Wohnverhältnissen. Das war auch ein Grund dafür, dass das Gemeinschaftsleben sich mehr außerhalb der eigenen vier Wänden abspielte. Das Arbeiter-Vereinswesen schaffte jenseits der Fabrik Möglichkeiten der Begegnung. In Arbeitersport- und Gesangsvereinen pflegte man die Geselligkeit, und die Arbeiterbildungsvereine vermittelten dem gesellschaftlich engagierten Proletarier die für seine politische Arbeit notwendigen Kenntnisse. Qualifizierten Facharbeitern, die sich zudem auf solche Weise Bildungswissen aneigneten und in ihre Tätigkeit bei Partei oder Gewerkschaft einbrachten, öffneten sich auch Wege zu einem höheren sozialen Rang.

Jeder, der sich einer gehobenen gesellschaftlichen Klasse zurechnete, achtete streng darauf, dass der niedriger Einzustufende diese Tatsache respektierte. Dagegen hätte es der Angehörige einer untergeordneten Schicht nie gewagt, die geltenden Standesschranken anzutasten. Der wilhelminischen Gesellschaft war die Vorstellung von Gleichheit zutiefst fremd. Für sie galt es als selbstverständlich, mit der Ungleichheit zu leben. Das beschränkte sich jedoch nicht nur auf die Standesunterschiede. Auch den Frauen wurde in diesem Staat Gleichberechtigung verweigert.

„Der Proletarier“. Fotografie von Heinrich Zille.

Im Deutschen Reich waren **Männer und Frauen nicht gleichberechtigt.** Das 1900 in Kraft getretene Bürgerliche Gesetzbuch schrieb die rechtliche Benachteiligung der Frau fest. Der Mann entschied „in allen das gemeinschaftliche eheliche Leben betreffenden Angelegenheiten“. Er war der Vormund der Kinder und bestimmte somit allein über ihren Ausbildungsgang. Er besaß die Verfügungsgewalt über das von der Frau in die Ehe eingebrachte Vermögen. Auch das Scheidungsrecht war frauenfeindlich, die Unterhaltsregelungen so konstruiert, dass der weibliche Teil immer grob benachteiligt war. Für eine Frau bestand daher kaum die Möglichkeit, sich scheiden zu lassen. Es sei denn, sie besaß wirtschaftlichen Rückhalt in ihrer väterlichen Familie. Das eheliche Rollenverständnis sah den Mann als den „Ernährer“, Ehefrauen hatten ihn, die Kinder und das Haus zu versorgen. Eine Berufstätigkeit der verheirateten Frau bedurfte der ausdrücklichen Genehmigung durch den Ehemann.

Erst 1908 wurde in Preußen, dem größten der deutschen Bundesstaaten, das Verbot der politischen Betätigung von Frauen in Vereinen oder Parteien aufgehoben. In der Reichsverfassung war ein Wahlrecht für Frauen nicht vorgesehen. Auch im öffentlichen Bewusstsein galt das als völlig selbstverständlich.

Erst ein langer Weg eröffnete Mädchen und Frauen den Zugang zu Gymnasien und Universitäten. An allen deutschen Universitäten gab es im Jahr 1914 nur etwas mehr als 4000 Studentinnen. Das waren 6,7 % aller an den deutschen Hochschulen eingeschriebenen Hörer.

Die ständische Schichtung der Gesellschaft und die Lage der Frauen zeigte, dass im wilhelminischen Deutschland nicht alle gleich waren. Darüber hinausgehend widerfuhr es Menschen, die sich als Staatsbürger gesetzestreu verhielten und ihre Steuern zahlten, dass sie ausgegrenzt, öffentlich angegriffen und ihre Aufenthaltsberechtigung in diesem Land in Abrede gestellt wurde.

Die Hauptgruppe der **Ausgegrenzten** waren die **Juden.** Gegen Ende des Jahrhunderts nahmen Verleumdung und Erniedrigung der jüdischen Mitbürger zu. Dabei spielten Glaubensfragen überhaupt keine Rolle. Viele der schon durch Generationen in Deutschland lebenden jüdischen Familien waren getauft und gehörten einer der beiden großen christlichen Konfessionen an. Als Staatsbürger besaßen sie völlige Rechtsgleichheit. Ihr Anteil am wirtschaftlichen Aufschwung des Reiches und an seinem hohen wissenschaftlichen und künstlerischen Rang war bedeutend. Sie hatten als Bankiers, Unternehmer und Manager entscheidend zur Blüte der deutschen Industrie und des Handels beigetragen.

Gerson von Bleichröder, der Finanzberater Bismarcks und zahlreicher Mitglieder des preußischen Hochadels, war Jude. Wilhelm II. beriet sich in Geldfragen mit dem Bankhaus Mendelssohn und Carl Fürstenberg, dem angesehenen Berliner Bankier. Albert Ballin, Generaldirektor der HAPAG, der größten deutschen Reederei, war ein persönlicher Freund des Kaisers. Zu den bekannten Unternehmergestalten des wilhelminischen Deutschland gehörte Emil Rathenau, der Gründer der AEG. Jüdische Gelehrte wie der Physiker und spätere Nobelpreisträger Albert Einstein und der Chemiker Fritz Haber, ebenfalls Nobelpreisträger, genossen Weltruf. Bedeutend war auch der Anteil von Persönlichkeiten jüdischer Herkunft am kulturellen Leben Deutschlands: Der Maler Max Liebermann – er stammte aus einer wohlhabenden jüdischen Kaufmannsfamilie – galt als der Repräsentant des deutschen Impressionismus. Mit den von ihm in Berlin gegründeten Bühnen hatte Max Reinhardt die Reichshauptstadt zur ersten Theaterstadt im deutschsprachigen Raum gemacht. Der Verleger Samuel Fischer, tatkräftiger Förderer moderner Literatur, verschaffte den Büchern der von ihm entdeckten Dichter, Gerhart Hauptmann, Thomas Mann, Stefan Zweig und vieler anderer Schriftsteller Rekordauflagen.

Groß war die Zahl hoch geachteter jüdischer Hochschullehrer, Ärzte, Anwälte und Journalisten. Innerhalb einer Generation hatten die jüdischen Bürger, die in Deutschland nur etwas mehr als ein Prozent ausmachten, sich ihrer Pflichten und der Verantwortung der Gemeinschaft gegenüber bewusst, überall geachtete Stellungen errungen.

Als die nach 1871 unnatürlich aufgeblähte Konjunktur der Gründerzeit im **Börsenkrach von 1873** in sich zusammenbrach, gab es Menschen in Deutschland, die nach Schuldigen suchten und meinten, den Sündenbock „im Juden" gefunden zu haben. Einzelne Äußerungen von Judenfeindschaft verdichteten sich zu einem die Bevölkerung erfassenden **Antisemitismus.** Eine Anklage aus Vorurteilen, Verallgemeinerungen und Neid erhob den Vorwurf, die jüdischen Geldleute und Börsenspekulanten hätten Reichtümer angesammelt und in den lauten und lasterhaften Großstädten verprasst. Sie seien die Hypothekengeber, die dem Zahlungsunfähigen das Häuschen versteigerten und die Viehhändler, die auf dem Land die Bauern betrogen.

Mit ähnlich vorgeprägten Denkmustern sah die Öffentlichkeit auch jüdischen Einfluss in der Politik. Nachdem sie die Bürgerrechte in Deutschland erlangt hatten, vertraten einige jüdische Politiker die Ideen des fortschrittlich-liberalen und auch des sozialistischen Lagers. Sozialistische Theoretiker wie Karl Marx, Ferdinand Lassalle, Rosa Luxemburg und Eduard Bernstein von der SPD waren Juden.

Von Einigen wurde sogar der absurde Vorwurf erhoben, die Juden seien nicht nur für die wirtschaftlichen Krisen, sondern auch für alles Böse, das die neue Zeit mitgebracht hatte, verantwortlich. Besonders schwer wog dabei die Beschuldigung, die Juden trügen den Bazillus der Revolution überallhin.

In einer Zeit des überhitzten Nationalismus, in der alles „Nichtdeutsche" heftigen Angriffen ausgesetzt war, erhielt die gegen die deutschen Juden künstlich geschürte Abneigung immer wieder neue Nahrung, solange sie gebetsmühlenartig die Parole wiederholte: „Die Juden sind an allem schuld!"

Der **Antisemitismus** untermauerte seine Propaganda mit Theorien, die sich zum einen aus dem Gedankengut **Friedrich Nietzsches** und **Richard Wagners** zum anderen aus den Ideen des französischen Rassentheoretikers **Joseph Arthur Gobineau** speisten. Er lehrte, dass es einen Unterschied der Rassen gäbe und sprach der germanischen Rasse den Rang einer besonderen Elite zu. In seinen Bahnen dachte auch der in Deutschland lebende Kulturphilosoph **Houston Stewart Chamberlain**.

Durch den an der Berliner Universität lehrenden Historiker **Heinrich von Treitschke,** den leidenschaftlichen Propheten eines extremen Antisemitismus, fand Judenfeindschaft Eingang in Kreise des gebildeten Bürgertums. Der Hofprediger **Stoecker,** politisierender evangelischer Pfarrer und Gründer einer christlichen Partei, vermochte die Massen deutscher Kleinbürger für den Ungeist des Rassenwahns zu gewinnen. Da nützte es denn auch nicht viel, dass hoch angesehene Persönlichkeiten wie der Kronprinz, der spätere **Kaiser Friedrich III.** und der große Historiker **Theodor Mommsen** öffentlich gegen den Antisemitismus auftraten.

Zu den Ausgegrenzten gehörten auch **nationale Minderheiten,** Volksgruppen von den Rändern des Deutschen Reiches. So wurden die **Dänen** in Nordschleswig, das nach dem Krieg von 1864 an Preußen abgetreten wurde, unter der neuen Herrschaft nicht heimisch.

Noch gespannter gestaltete sich das Verhältnis der deutschen Verwaltung zu den in Ost-Oberschlesien lebenden **Polen.** Sie wurden aus mehrfachem Grund abgelehnt. Da war zuerst das Überlegenheitsgefühl der deutschen „Herrenrasse" gegenüber den meist zu niedrigen Arbeiten herangezogenen Polen. Außerdem wirkte die slawische Muttersprache der einheimischen Bevölkerung trennend. Und schließlich unterschied sie auch ihr katholisches Bekenntnis von den protestanischen Preußen, die tonangebend waren.

Ein besonders schwieriges Verhältnis ergab sich im Westen des Reiches. Nachdem Frankreich seine Provinzen **Elsass und Lothringen** an Deutschland verloren hatte, kamen die Gebiete als „Reichslande Elsass-Lothringen" unter preußische Verwaltung. Die Lage war auf beiden Seiten wenig erfreulich. Durch die zweihundertjährige Zugehörigkeit zu Frankreich fühlte die Bevölkerung sich in ihrer Mehrheit als Franzosen. Bis 1873 machten 15000 Elsässer und Lothringer von der Möglichkeit Gebrauch, ins alte Vaterland auszuwandern.

Zudem fanden die in die Reichslande versetzten preußischen Beamten und Militärs nicht den rechten Ton, das Vertrauen der Bevölkerung zu gewinnen. Wehrpflichtige wurden offensichtlich als derart unzuverlässig angesehen, dass sie nicht in ihrer Heimat dienen durften. Man verteilte sie auf Garnisonen im Innern Deutschlands. Die feindselige Haltung steigerte sich und führte 1913 zum **Zabern-Skandal.** Bei einer Demonstration in der kleinen elsässischen Stadt Zabern wurden Bürger misshandelt und willkürlich verhaftet. Sie hatten dagegen protestiert, dass ein junger preußischer Leutnant, der von seinen Vorgesetzten dazu ermuntert worden war, die Elsässer öffentlich beleidigen durfte. Die Verbitterung in der Bevölkerung stieg noch, als trotz eines parlamentarischen Nachspiels im Deutschen Reichstag Kaiser und Kanzler die anmaßenden Offiziere und ihre Ausschreitungen rechtfertigten.

Bildungswesen und Wissenschaft

Die Mehrheit aller Deutschen, etwa 90%, durchlief in dieser Epoche die **Volksschule.** Seit den achtziger Jahren kontrollierten die Behörden den Schulbesuch und bestraften Eltern, die ihre Kinder nicht regelmäßig zum Unterricht schickten. In Deutschland gab es daher im Unterschied zu anderen europäischen Ländern nur Wenige, die nicht lesen und schreiben konnten. Ein Kennzeichen der Elementarschule um die Jahrhundertwende waren die großen Klassen. Obwohl die Klassenstärken sanken, saßen 1911 noch durchschnittlich 51 Schüler in einer Klasse. Volksschulen auf dem Land gab es weitaus mehr als in den Städten. Vor 1914 waren es über 80%, ein Drittel davon noch einklassig. In einer solchen Schule unterrichtete ein Lehrer in nur einem Raum alle Kinder zwischen sechs und vierzehn Jahren. Die Schülerzahl von 80 bis 100 durfte dabei als ideal gelten. Oft hatte der Lehrer einer solchen einklassigen Volksschule aber noch mehr Schüler zu unterrichten. Vor dem Ersten Weltkrieg gab es Dorfschulen, in die 120 bis 200 Kinder gingen. Günstiger lagen die Verhältnisse in der Stadt. Hier setzte sich die achtklassige „städtische Volksschule" durch.

Der Ausbildungsgang eines Volksschullehrers begann damit, dass er, nachdem er seinen eigenen Volksschulbesuch gut abgeschlossen hatte, sich auf einer „Präperandenanstalt" auf den Besuch des Lehrerseminars vorbereitete. Übte er nach dem Seminar seinen Beruf aus, musste er mit einer recht geringen Besoldung zurechtkommen, der auch das gesellschaftliche Ansehen entsprach.

Die Volksschule übernahm im wilhelminischen Deutschland die Aufgabe, die Kinder im Sinn der konservativ-monarchistischen Ideale zu erziehen: Vaterlandsliebe, Begeisterung für kriegerischen Taten, Gehorsam gegen die Obrigkeit und Verehrung des Herrscherhauses.

Das **Gymnasium** war bis in die achtziger Jahre die einzige höhere Schule in Deutschland. Seinen Bildungsauftrag sah es darin, das antike Humanitätsideal, überliefert in den „klassischen Sprachen" Latein und Griechisch, zu vermitteln. Die Naturwissenschaften und die auf den Grundlagen moderner Technik aufgebaute Industrie jedoch brauchte Nachwuchs, wie ihn das altsprachliche Gymnasium mit den dort gelehrten Bildungsinhalten nicht heranzog.

So entstand ein neuer Typ der höheren Schule, der sich aus den schon bestehenden sechsklassigen **Realschulen** entwickelte. Die Aufwertung dieser Schulen zu **Realgymnasien** mit Latein und **Oberrealschulen** mit Schwerpunkt auf den Fächern des mathematisch-naturwissenschaftlichen Bereichs erfolgte im Jahr 1900. Die Abschlüsse der drei gymnasialen Schultypen waren jetzt als völlig gleichberechtigt anerkannt.

In der Dreigliedrigkeit der höheren Schule spiegelte sich die soziale Herkunft der Schüler. Die alte Eliteschule, das humanistische Gymnasium, besuchten gemäß ihrer Familientraditionen die Kinder des Bildungsbürgertums. Die Realgymnasien und Oberrealschulen bezogen ihre Schüler aus den aufstrebenden Kreisen von Unternehmern und Kaufleuten, den Angehörigen technischer Berufe und Handwerksmeistern. Es gingen nun auch Söhne von Volksschullehrern und kleinen Beamten in die höheren Schulen. Hatten die neu ins gymnasiale Bildungswesen aufgenommenen Fächer inhaltlich mehr Modernität gebracht, so blieb doch die Schule, in der man die Hochschulreife erwarb, weiterhin Standesschule. Nicht allein die Fähigkeiten eines Menschen entschieden darüber, ob er einen höheren Bildungsweg gehen konnte, sondern die wirtschaftlichen Möglichkeiten der Familie. Um 1900 betrug das jährliche Schulgeld 250 Goldmark. Zu dieser Zeit belief sich der Jahresverdienst eines Industriearbeiters auf 750 Goldmark. Rechnet man hinzu, dass der Schüler gut gekleidet und mit eigenen Schulbüchern ausgestattet werden musste, vielleicht sogar noch Fahrgeld benötigte, ist es einsichtig, warum nur einigermaßen wohlhabende Väter ihre Söhne auf höhere Schulen schicken konnten.

Den Mädchen war im Kaiserreich der Zugang zu gymnasialer Bildung ganz verwehrt. Für sie gab es die so genannte **höhere Töchterschule.** Sie umfasste, der Realschule vergleichbar, sechs Klassen. Unterrichtsgegenstände des literarisch-künstlerischen Bereichs und Grundkenntnisse in Englisch und Französisch bildeten den Schwerpunkt. Ein junges Mädchen sollte darauf vorbereitet werden, später als Frau eines beruflich höher stehenden Mannes ihren gesellschaftlichen Verpflichtungen gerecht werden zu können. Wollte es die Hochschulreife erwerben und studieren, musste sie nach entsprechender Vorbereitung in privaten Kursen den Antrag stellen, an einer öffentlichen Schule die Reifeprüfung ablegen zu dürfen. In Bayern geschah das erstmals 1912.

Während des Kaiserreiches wuchs die Zahl der **Hochschulen in Deutschland.** Gab es zur Zeit der Reichsgründung neunzehn **Universitäten**, so kamen mit Straßburg, Münster und Frankfurt am Main drei weitere hinzu. Die bisherigen polytechnischen Schulen stiegen als **Technische Hochschulen** in den Rang von Universitäten auf und erhielten wie diese das Recht, wissenschaftliche Leistungen durch Vergabe von Diplomen und Verleihung des Doktorgrades anzuerkennen. Von den technischen Hochschulen gab es am Vorabend des Ersten Weltkrieges elf in Deutschland. Ähnlich wie auf der Ebene der höheren Schulen der naturwissenschaftlich-technische Nachwuchs in Oberrealschulen herangebildet wurde, so dienten im universitären Bereich die Technischen Hochschulen dazu, für die sich außergewöhnlich entwickelnden technologischen Industrien wissenschaftliche Experten schnell auszubilden.

Den deutschen Hochschulen ging im Ausland ein so guter Ruf voraus, dass dortige Universitätsgründer sich das deutsche Muster zum Vorbild nahmen. Vorbildhaft erschien die Organisation des Studienbetriebes. Er ließ der „akademischen Freiheit" Raum und motivierte den eigenverantwortlichen Studenten. Des Weiteren hatte das für die deutschen Universitäten und Hochschulen bezeichnende Ineinandergreifen von Forschung und Lehre Modellcharakter.

Das hohe internationale Ansehen der deutschen Wissenschaft fand seinen äußeren Ausdruck in den Nobelpreisen, die deutsche Gelehrte zwischen1901 und 1918 erhielten. Sechs Physiker, darunter Conrad Röntgen, Philipp Lenard und Max von Laue und insgesamt sieben Chemiker, unter ihnen Wilhelm Ostwald und Otto Wallach, erhielten die Auszeichnung. Bei den Medizinern wurden u. a. Robert Koch, Emil von Behring und Paul Ehrlich ausgezeichnet.

Nobelpreisträger Robert Koch (1905)

Wilhelm Conrad Röntgen (1901)

Albert Einstein (1921)

Die akademischen Lehrer dieses Zeitalters in Deutschland boten in gesellschaftlich-politischer Hinsicht kein einheitliches Bild, besonders die Historiker, Staatswissenschaftler und Germanisten. Neben einigen Persönlichkeiten, die die Ideale der Professorenschaft von 1848 hochhielten, hatten sich viele dem Geist der Zeit angepasst. Sie rechtfertigten – oft ihre Karriere dabei im Auge – die antiliberale Politik und stimmten in die allgemeine Begeisterung für deutschen Weltmachtanspruch ein. Im Krieg propagierten sie eine Politik des rücksichtslosen Landgewinns.

Auch unter den Hochschülern herrschte nicht mehr der Geist der freiheitlichen Burschenschaften von 1830. Die konservativen Studenten aus den „schlagenden Verbindungen" gaben den Ton an, der ganz auf den Klang kaiserlicher Reden gestimmt war, laut, herrisch und rücksichtslos.

Die Kultur im Wilhelminischen Deutschland

Wie das gesamte Leben in Deutschland ergriff der nationalistisch-militaristische Geist auch die Kultur. In der Regierungszeit Wilhelms I. als deutscher Kaiser (1871–1888) war schon ein deutlicher Schritt in Richtung deutschnationale Kunst gemacht worden. Das kam in Denkmälern wie dem Hermannsdenkmal im Teutoburger Wald und der an den Sieg über Frankreich von 1871 erinnernden Siegessäule in Berlin zum Ausdruck.

Mit seinem Regierungsantritt entdeckte Wilhelm II. auch seine Zuständigkeit in Fragen der Kunst, der Kaiser bestimmte, was Kunst zu sein habe. In dem ihm eigenen Befehlston ließ er verlauten: Ihre Aufgabe läge in der Verkündung deutscher Größe, der Verherrlichung des Herrscherhauses und der Bewunderung deutscher Macht. Ihr Ziel sei es, den Nationalstolz der Deutschen zu stärken. Täglich neu müsse sie den Menschen aus dem Alltag erheben und an den großen nationalen Taten erbauen. Es war eine Kunst und Kultur im Dienst des imperialistischen Machtstaates, deren Maßstäbe der Herrscher setzte.

Schon unter der Regierung des ersten Kaisers war begonnen worden, den jungen Staat und besonders seine Hauptstadt mit prächtigen Gebäuden zu schmücken. In den zehn Jahren zwischen 1884 und 1894 entstand das monumentale **Reichstagsgebäude.** Es wurde in gewisser Weise zum Muster allen Bauens. Die **Architekten** sollten Großes und Imponierendes erstellen, um die politische Macht ebenso wie den wirtschaftlichen Reichtum des Landes zu demonstrieren. Da sie keinen eigenen Stil fanden, griffen sie auf historische Vorbilder zurück. Sie errichteten repräsentative Regierungs- und Verwaltungsgebäude in „Neorenaissance“ und „Neobarock“. Die Kaiserin förderte den Bau evangelischer Kirchen, die überwiegend der Gotik nachempfunden waren. Die zu Ehren Wilhelms I. errichtete „Kaiser Wilhelm-Gedächtniskirche“ in Berlin erstand als ein Werk der „Neuromanik“.

In einem Staat, der seine Macht zur Schau stellen wollte, war ein goldenes Zeitalter für **Bildhauer** angebrochen. Der Kaiser schmückte 1901 die Siegesallee mit 32 Standbildern brandenburg-preußischer Herrscher. Die meisten Monumente gab Wilhelm II. in Auftrag, um den ersten Kaiser zu verherrlichen. Mit der Errichtung eines „Nationaldenkmals für Wilhelm I.“ vor dem Schloss krönte er diese Denkmals-Serie. Anlässlich der hundertsten Wiederkehr des Sieges über Napoleon I. enthüllte der Kaiser 1913 das **Völkerschlachtdenkmal** in Leipzig. Hier pries man die Stärke der deutschen Waffen und drohte Frankreich.

Auch die **Malerei** hatte den Weg zur Staatskunst gefunden. **Anton von Werner,** der die „Kaiserproklamation in Versailles“ fotografisch getreu in einem Monumentalgemälde verewigt hatte, war der offizielle Maler des Reiches. Er war ein besonderer Günstling des Herrschers und Direktor der Hochschule für bildende Künste in Berlin. Er entschied, wer von den zeitgenössischen Malern und Bildhauern in öffentlichen Kunstausstellungen gezeigt werden durfte.

„Die Kaiserproklamation in Versailles“ schuf Anton von Werner 1885 im Auftrag des Kaisers zu Bismarcks 70. Geburtstag.

Literatur brachte, wo sie die von den konservativen Kräften vorgeschriebenen Wege beschritt, in erster Linie Historiendramen, billige Kopien der Werke Schillers, auf die Bühne. Diese Stücke nahmen ihre Themen aus der brandenburg-preußischen Geschichte und wurden im königlichen Schauspielhaus im Beisein des Kaisers aufgeführt. Die Romane spielten oft in der heldenhaften germanischen Frühzeit oder boten Bilder trauten deutschen Familienglücks.

Die **Musik** ließ sich nicht so leicht kommandieren. Außer Militärmärschen wurde nichts komponiert, was dem nationalistisch-militaristischen Geist entsprach und sich trotzdem öffentlich hören lassen konnte. So griff man auf Richard Wagner zurück und holte aus seinen Werken das, was als geeignet erschien. Der „Ring der Nibelungen“ mit seiner Beschwörung des Heldentums germanischer Vorzeit und die „Meistersinger“ wurden zu Nationalopern, die Festspiele in Bayreuth zu Pilgerstätten der Deutschen.

Während das alles vom Hof und den konservativen Kräften Deutschlands noch als das einzig „Wahre, Gute und Schöne“ gefeiert wurde, kündigten sich **neue Strömungen** an. Mit der Uraufführung von Gerhart Hauptmanns „Vor Sonnenaufgang“ und der Gründung der Theatervereinigung „Freie Bühne“ war über Nacht in der **dramatischen Kunst** eine neue Zeit angebrochen, die sich in Literatur und Theater als **Naturalismus** Bahn brach. Die staatlichen Bühnen lehnten Aufführungen naturalistischer Werke ab, die Polizei verbot sie. Darum brachten die Naturalisten in privaten Veranstaltungen ihre Bühnenstücke heraus. Als schließlich Hauptmann mit seinem Drama „Die Weber“ an die Öffentlichkeit ging, einem Werk, das die Verelendung im Frühkapitalismus zum Gegenstand hatte, galt die neue Richtung in den Augen der staatlichen Organe als „sozialistisch“.

Franz Marc: Der Tiger (1912)

Besonders in der **bildenden Kunst** meldeten sich Kräfte, die die obrigkeitliche Bevormundung nicht mehr hinnehmen wollten. Sie forderten Freiheit für die Kunst. Von München, dem neuen Zentrum künstlerischen Lebens, ging 1892 mit der Gründung einer freien Künstlervereinigung, der „Secession“, der Widerstand gegen den offiziellen Kulturbetrieb aus. Die gleiche Abwendung vollzog in Berlin die „Freie Künstlervereinigung“, gegründet 1898 von Max Liebermann und Walter Leistikow. Als sie die französischen **Impressionisten** ausstellen wollten, wurde ihnen der Vorwurf gemacht „vaterlandslos“ zu sein. Mit der Jahrhundertwende gab es nochmal einen Aufbruch. Der **Jugendstil,** eine gesamteuropäische Bewegung vorwiegend ornamentaler Formen, setzte vor allem in der Architektur, Innenarchitektur und Buchgrafik neue Akzente. In der Malerei folgte auf die **Impressionisten** Slevogt und Corinth, wieder von München ausgehend, eine ganz neue Richtung, der **Expressionismus.** Die Maler um Wassily Kandinsky, August Macke und **Franz Marc** hatten sich zur Gruppe des „blauen Reiter“ zusammengeschlossen. Ihre Absage galt der dem Sichtbaren verpflichteten künstlerischen Wiedergabe der Wirklichkeit.

Dresden wurde ebenfalls Zentrum eines Zusammenschlusses. Die Rebellen gegen die geltenden Gesetze der Malerei dort nannten ihre Vereinigung um Nolde und Schmidt-Rottluff die „Brücke“. Sowohl der Expressionismus als auch die **abstrakte Malerei** erregten die Zeitgenossen.

Parallel dazu verliefen **expressionistische** Strömungen in der **Literatur.** Insbesondere die Lyriker erschlossen sich dieser Aussageform. Sie lösten sich von den Formgesetzen überlieferter Dichtung und gaben ihrem Lebensgefühl in kühnen Sprachbildern Gestalt. In ihren Gedichten ahnten sie die kommende Katastrophe voraus.

Vom fünfundzwanzigjährigen Georg Heym, der 1912 beim Schlittschuhlaufen ertrank, gibt es ein Gedicht mit dem Titel „Der Krieg“. Wie stark er darin das künftige Grauen vorausgespürt hat, mögen die Strophen 4 und 5 belegen:

Auf den Bergen hebt er schon zu tanzen an,
Und er schreit: „Ihr Krieger alle, auf und an!“
Und es schallet, wenn das schwarze Haupt er schwenkt,
Drum von tausend Schädeln laute Kette hängt.

Einem Turm gleich tritt er aus die letzte Glut,
Wo der Tag flieht, sind die Ströme schon von Blut.
Zahllos sind die Leichen schon im Schilf gestreckt
Von des Todes starken Vögeln weiß bedeckt.

Der Imperialismus: Hintergründe und Folgen

Allgemeine Kräfte

Die Epoche von 1890 bis 1945, die in den beiden Weltkriegen gipfelte, stellt eine Einheit dar. Das Zeitalter, dessen erster Abschnitt bis 1918 hier behandelt wird, wurde von zwei großen Kräften bewegt: den Bevölkerungsmassen im Innern der Staaten und einem den ganzen Globus ergreifenden Imperialismus.

Im 19. Jahrhundert hatten liberale und nationale Ideen die Geschichte bestimmt. Das Bürgertum entwickelte eine moderne Wirtschaft und prägte dadurch auch die sich verändernde Gesellschaft. Um die **Jahrhundertwende** aber begannen **neue Kräfte** zu wirken. Die explosionsartige **Bevölkerungszunahme in Europa und Asien** und die **technische Revolution,** vor allem des Verkehrs- und Nachrichtenwesens, ließ die Welt im Bewusstsein der Menschen schrumpfen. Unter dem Druck der Überbevölkerung kam es in Europa zu großen **Auswanderungen.** Zum Beispiel verließen in Italien zwischen 1886 und 1904 jährlich bis zu einer halben Million Menschen ihre Heimat. Längerfristig suchten die Nationalstaaten Wege, den Menschen außerhalb ihrer Territorien neuen **Lebensraum** zu sichern. Dabei leitete sie die Überzeugung, auf der enger werdenden Erde hätten künftig nur mächtige, **großräumige Staaten mit hoher Volkszahl und starker Wirtschaftskraft** eine Chance.

Das Staatensystem

Noch war **Europa** der **Schwerpunkt des Staatensystems.** 1898 aber gaben die **USA** den Grundsatz auf, ihr politisches Handeln auf den eigenen Kontinent zu beschränken. Mit **Japan** trat die erste asiatische Nation zu den Großmächten. Neu an der politischen Situation um 1900 ist, dass die Länder, die sich bisher nur in ihrem territorialen Umfeld als nationalstaatliche Großmächte behaupten mussten, nun zum Handeln in weltpolitischen Maßstäben gezwungen waren.

Die europäischen Spannungen, wie die zwischen Deutschland und Frankreich um Elsass-Lothringen oder die Volkstumsfrage, die den österreichischen Vielvölkerstaat mit seinen slawischen Anrainerstaaten in einen Dauerkonflikt gebracht hatte, traten in den neunziger Jahren zurück. Dafür verschärfte sich der Wettlauf um das Erbe Chinas, Persiens, der Türkei, um die Aufteilung Südafrikas und die der nordafrikanischen Mittelmeerküste von Marokko bis Ägypten.

Ideelle Triebkräfte

Die **expansionistischen Bestrebungen aller Länder** veränderten auch den überlieferten Begriff der Nation. Bisher schloss sie das historisch entstandene Gebiet des Einzelstaates zusammen. An das eigene Land band den Menschen die Vaterlandsliebe. Es zu schützen und zu verteidigen war „patriotische Pflicht". Nun sah man im Nationalstaat den Raum, in dem alle dem eigenen Volk verwandten Kräfte sich vereinten. So wie die Panslawisten mit Nachdruck den Anspruch Russlands erhoben, über die Gesamtheit der slawischen Nationen zu gebieten, so verlangte die Bewegung der Alldeutschen, alle Länder, die irgendwann einmal zum alten deutschen Reich gehört hatten, unter der Führung des neuen deutschen Kaiserreiches zu sammeln. Da wurde propagiert, Holland „wieder anzugliedern", und man verlangte die deutschsprachigen Länder der Donaumonarchie und den Einbezug alles Deutschsprachigen vom Baltikum bis zum Banat und Siebenbürgen für ein mitteleuropäisches Großreich. Solche von nationalistischen Agitatoren vertretenen Thesen nahmen die Nationalsozialisten wieder auf und begründeten darauf ihre Kriegspolitik, die das Ziel verfolgte, in Europa ein Großgermanisches Reich zu errichten. Die neue Vorstellung von Nation veränderte nicht nur physisch die Völker, sie griff tief in ihr geistiges Wesen ein.

Als oberstes Gebot der Geschichte galt nun, im **„Kampf um das Dasein"** den Sieg davonzutragen. Die These lautete: Der Stärkere nimmt ein natürliches Recht wahr, wenn er den Schwächeren unterwirft. Diese Haltung, das Pochen auf Stärke, verband sich mit einem zunehmenden **Materialismus,** der keine religiöse und metaphysische Einschränkung duldete. Von dieser Geisteshaltung ging eine Gewalt aus, die sich erst im Verlauf der Epoche ganz entfaltete. und zu den Ausrottungsfeldzügen des Großdeutschen Reiches im Zweiten Weltkrieg führte. Die einzige Rechtfertigung Hitlers für die Vernichtung anderen „Volkstums" war „Kampf ums Dasein", Anspruch auf „Lebensraum für das eigene Volk". Die „ethnischen Säuberungen" im Jugoslawien der Gegenwart zeigen, dass der fanatische, zu brutalster Gewaltanwendung fähige Nationalismus noch immer möglich ist.

Diesem Geist eng verwandt war der Rassegedanke. Auch hier unterdrückte der Starke den Schwachen. Der **Rassismus** suchte und fand seine Opfer innerhalb der eigenen Landesgrenzen. Die Verfolgung vollzog sich stufenweise. Es begann mit der Diffamierung der Juden durch den **Antisemitismus** um die Jahrhundertwende. Die gesellschaftliche Ausgrenzung steigerte der Nazismus durch Pogrome, wie es die „Reichskristallnacht" von 1938 war. Im Massenmord an den europäischen Juden verbanden sich Nationalismus und Rassismus.

Der Rüstungswettlauf

Jeder der imperialistischen Staaten reagierte überempfindlich, wenn der Nationalismus des eigenen Landes Misstrauen bei den anderen hervorrief. So entstand eine hoch gespannte, nervöse Atmosphäre in den internationalen Beziehungen, die **Kriegsfurcht** oder zumindest Kriegserwartung kennzeichnete. Die Folge war ein **Rüstungswettlauf.** Durch den technischen Fortschritt beschleunigte und verstärkte sich dieser Prozess. Er steigerte die Zerstörungsgewalt der Waffen ins bisher Unvorstellbare. Im 20. Jahrhundert erfand man moderne Sprengstoffe, deren Massen vernichtende Wirkung erst im millionenfachen Tod auf den Schlachtfeldern beider Weltkriege voll sichtbar wurde. Immer neue und gefährlichere Waffensysteme wurden erfunden: weit tragende Geschütze von ungeheurer Zerstörungskraft, Flugzeuge, Unterseeboote, Panzerfahrzeuge, Land- und Seeminen. Hier begann eine Entwicklung, die im Zweiten Weltkrieg ins Unmessbare stieg. Der massiven Rüstung stand in allen imperialistischen Ländern eine fieberhaft betriebene **Aufstellung von Massenheeren** zur Seite. Ausgehend von der kriegsgeschichtlich begründeten These des amerikanischen Admirals Mahan, wonach erst die **Herrschaft über die Meere** wirklich die **Weltmacht** sichere, begann ein **Flottenwettrüsten,** bei dem die USA, Japan und Deutschland in Rivalität zu der bisher in ihrem ersten Rang unangefochtenen englischen Seemacht traten.

In Friedenszeiten trafen sich die Veteranen und Reserveoffiziere regelmäßig zu gemeinsamen Märschen durch die Städte.

Zweifellos wirkten sich die an der Jahrhundertwende in Wirtschaft und Gesellschaft aller Länder betriebenen Kriegsvorbereitungen auf den Geist der Epoche aus. Er ist unter anderem gekennzeichnet durch einen extremen **Militarismus,** der in den verschiedenen Ländern durchaus unterschiedlich stark das Leben bestimmte. Das autoritäre Deutschland neigte aufgrund seiner Militär-Tradition viel stärker dazu als zum Beispiel das demokratische England.

Die völlige Unterwerfung des Volkes unter die Ansprüche der Kriegsführung wurde schon im „Hindenburgprogamm“ von 1917 gefordert. Bei dessen Umsetzung tauchte zum ersten Mal der Begriff des „totalen Krieges“ auf.

Gesellschaftliche Modernisierung und Fortschrittsglaube

Auch im Innern der modernen Staaten vollzog sich ein tief greifender Wandel. Die dank des technischen Fortschritts und des Einsatzes von Kapital auf Hochtouren laufende Wirtschaft hatte **soziale Veränderungen** zur Folge. Dadurch verstärkten sich schon bestehende **soziale Spannungen.** Wenn auch erst nach 1918 diese sozialen Konflikte in ihrer ganzen Schärfe aufbrachen, die Regierungen der Industrienationen mussten ihnen schon vorher erhöhte Aufmerksamkeit zuwenden.

Fortschreitende **Industrialisierung** und **Rückgang** der **Landwirtschaft** waren die Ursachen für die wachsende Bedeutung der Städte. Industriearbeiter und Angestellte bildeten dort den größten Bevölkerungsanteil. Die Wirtschaft tendierte vom Klein- und Mittelbetrieb immer stärker zum **Großbetrieb.** Darüber hinaus bildeten sich wirtschaftliche Vereinigungen wie **Kartelle** (Verkaufsverbände) und **Konzerne** (Zusammenschlüsse von Wirtschaftsunternehmen). Ebenso verstärkte sich die Bedeutung von **Großbanken.**

Die sozialen Umschichtungen in allen Ländern ließen **Massenparteien** entstehen. Das politische Leben verlagerte sich von der Herrschaft der Eliten zum **Parteienstaat.** Anhänger gewann er, indem er mit Propagandamitteln die Massen umwarb. Die **Propaganda** veränderte und radikalisierte die bis dato geltenden Gesetze der Meinungsbildung. Der wichtigste Faktor war die **Presse.** In dieser Entwicklung hat die moderne Mediendemokratie ihre Wurzeln.

Der Erste Weltkriegs kündigte sich nicht nur durch zunehmende außenpolitische Krisen an. Auch im Innern der Industrieländer destabilisierten sich die Verhältnisse. Die überlieferten Werte verloren immer stärker an Verbindlichkeit. Das zeigte sich an der Situation der **Kirchen,** die an Überzeugungskraft einbüßten. Das traditionelle Fundament gesellschaftlicher Ordnung, **Ehe und Familie,** verlor seinen bislang unbestrittenen Rang. Das **kulturelle Leben** schien orientierungslos. In den Künsten äußerte sich das unter anderem in einer suchenden Stilvielfalt und Experimentierbereitschaft. Die **Jugend** litt unter der „morschen Welt“ und erwartete einen Krieg als „reinigendes Gewitter“.

Dagegen stand ein nicht zu überbietender **Fortschrittsoptimismus.** Die Errungenschaften der Naturwissenschaft und neue Technologien versprachen eine Zukunft des Überflusses.

Der Weg in den Krieg

Das Scheitern der Friedensfreunde

Die Regierungen der imperialistischen Staaten setzten ihre nationale Interessenpolitik rücksichtslos fort. Dabei nahmen sie in Kauf, Entscheidungen auch gewaltsam herbeizuführen. Gegen die fortschreitende Kriegsbegeisterung formierte sich eine **Friedensbewegung,** deren Anhänger es konsequent ablehnten, internationale Konflikte militärisch zu lösen. Sie schlossen sich in **„Friedensgesellschaften"** zusammen, deren Zentrale das **Internationale Friedensbüro** in Bern war.

Bedeutende Persönlichkeiten warnten vor dem Krieg und beschworen die Menschen, in einem Zeitalter der Vernunft und des Fortschritts zu einem gewaltfreien Leben der Völker zu finden. Neben **Henri Dunant,** dem Gründer des Roten Kreuzes, rief in Russland **Leo Tolstoi** zur Friedfertigkeit auf. In Deutschland setzte sich bereits vor 1900 der Historiker **Ludwig Quidde** für Abrüstung ein. Er war ab 1914 Präsident der Deutschen Friedensgesellschaft.

Der Franzose **Jean Jaurès,** sozialistischer Abgeordneter und Herausgeber der Zeitung „L'Humanité", war ein entschiedener Verfechter französisch-deutscher Verständigung. Der Hass zwischen den beiden großen Nationen und das fieberhafte Aufrüsten mussten seiner Meinung nach zwangsläufig zum Krieg führen. Bei Kundgebungen der sozialistischen Parteien Frankreichs und Deutschlands trat er für **Kriegsdienstverweigerung** ein. Am 31. Juli 1914, einen Tag vor Beginn des Ersten Weltkriegs, wurde er von einem Fanatiker ermordet.

Der Roman der österreichischen Schriftstellerin **Bertha von Suttner** „Die Waffen nieder" trug das Friedensideal in weite Bevölkerungskreise. Sie gründete 1891 die **Österreichische Gesellschaft der Friedensfreunde** und regte an, außer den Nobelpreisen für Wissenschaften und für Literatur einen **Friedensnobelpreis** zu vergeben. Als erster bekam diese Auszeichnung 1901 Henri Dunant.

Bertha von Suttner (1843–1914)

Angesichts der Friedensbewegung stellt sich die Frage, warum diese Persönlichkeiten und die vielen anderen Menschen, die die Ideale mittrugen nichts gegen die zunehmende Kriegsstimmung und die Kriegsvorbereitungen bewirken

konnten? Wie war es möglich, dass sich die Regierungen dem Ruf nach Abrüstung und friedlicher Konfliktlösung so beharrlich entzogen?
Dafür gibt es vielerlei Gründe:

- Der alle Länder beherrschende nationalistische Geist ließ Kriegsdienstverweigerung nicht zu.
- Den Friedensorganisationen fehlten die Machtmittel, um wirksamen Druck auf ihre Regierungen auszuüben.
- Die nationalistische Presse stand der Friedensbewegung ablehnend gegenüber. So machte sich die Öffentlichkeit von ihren Vertretern ein falsches Bild. Sie galten als weltfremde Theoretiker und Feiglinge, die mit ihren Abrüstungsforderungen die Landesverteidigung lähmten.
- Die politischen Parteien waren sich in der Frage „Friedenspolitik oder Aufrüstung?" uneinig. Selbst die SPD verweigerte sich in den Tagen vor Kriegsausbruch den Appellen des Jean Jaurès, der die gemeinsame Kriegsdienstverweigerung der Sozialisten aller Länder verlangte.
- Die Kirchen überhörten das göttliche Gebot vom „Frieden auf Erden" und stellten sich jeweils hinter die Regierung ihres Landes.
- Eine allgemeine Abrüstung hätte so tiefgreifend in die nationalen Volkswirtschaften und ihre Kapitalinteressen eingegriffen, dass die Politiker nicht den Mut dazu fanden.
- Das gewaltige Ausmaß an Toten und materieller Zerstörung, die der moderne Massen- und Materialkrieg zur Folge haben würde, überstieg jedes Vorstellungsvermögen, selbst das der Berufssoldaten.

Den Aufrufen der Pazifisten lagen idealistische Motive zugrunde. Doch als die politisch Verantwortlichen der imperialistischen Staaten vorschlugen, über Abrüstung nachzudenken, geschah das aus einer Zwangslage. Sie war in Russland zum Beispiel durch die Zerrüttung der Staatsfinanzen eingetreten. Für weitere Rüstungsanstrengungen gab es kein Geld. Zudem verfolgte die russische Regierung eine Diskussion, bei der Wirtschafts- und Finanzfachleute den Sinn militärischer Anstrengungen zu klären versuchten. Dabei kam heraus, dass beim Stand moderner Hochrüstung ein Krieg zwischen Großmächten völlig sinnlos sei.

Aus diesen Gründen richtete **Zar Nikolaus II.** im August 1898 einen Aufruf an die Weltöffentlichkeit, in dem er zu einer internationalen Zusammenkunft einlud. Die Teilnehmer aus allen Nationen sollten Wege der Friedenswahrung und Abrüstung beraten. Die Anregung des Zaren führte zur **1. Friedenskonferenz von Den Haag 1899,** deren Ziele eine Übereinkunft zur **Rüstungsbeschränkung** sowie die Gründung eines **internationalen Schiedsgerichts** waren.

Die Rüstungsbeschränkung kam nicht zustande, da die Delegierten zu dem Ergebnis gekommen waren, dass eine internationale Vereinbarung, „die Gesamtheit der Elemente der nationalen Verteidigung zu regeln", unmöglich sei, da jedes Land in dieser Frage anderen Bedingungen unterläge.

Obwohl die Delegierten erkannt hatten, dass Streitfragen zwischen verschiedenen Staaten durch Richterspruch entschieden werden könnten, wurde auch kein internationales Schiedsgericht gegründet. Die Lebensinteressen ihrer Völker gestatteten den Regierungen nicht, sie in die Hände von Richtern fremder Nationalität zu legen. Damit war das große Ziel der Haager Friedenskonferenz verfehlt. Man begnügte sich mit der Illusion, – wenn denn Kriege nicht zu vermeiden wären – sie so human wie möglich zu führen.

Die **2. Haager Friedenskonferenz** verabschiedete **1907** mit der **Haager Landkriegsordnung** ein Abkommen, das unter anderem die Gesetze und Verhaltensregeln bei Kampfhandlungen festlegte. Sie verbot bestimmte Kampfmittel, wie den Einsatz von Giftgas, und erließ Bestimmungen über die Anwendung militärischer Gewalt in besetzten Gebieten.

Dieses Ergebnis der Haager Friedenskonferenzen hatte deutlich gemacht, dass Europa sich eher auf einen Krieg vorbereitete, als nach einem Weg zu einem dauerhaften Frieden zu suchen.

Internationale Krisen

Das kriegsentschlossene **Gegeneinander von Entente und Mittelmächten** kündigte sich zu Beginn des Jahrhunderts mit schweren internationalen Krisen an. Den Anfang machte die **Erste Marokkokrise von 1905.**

Als England und Frankreich vor ihrem Zusammenschluss zur Entente (1904) den kolonialen Konkurrenzkampf beilegten, und Frankreich Englands Erwerbungen in Ägypten und dem Sudan anerkannte, stimmten die Engländer im Gegenzug Frankreichs „friedlicher Durchdringung Marokkos" zu.

Seit 1904 verstärkte Frankreich seine Anstrengungen, den souveränen Staat im Nordwesten Afrikas seiner Herrschaft zu unterwerfen. Es brachte die marokkanische Staatsverschuldung in seine Hand, übte die Zollkontrolle aus und begann, die Armee seinem Kommando zu unterstellen. Bisher hatte die deutsche Außenpolitik die Unternehmungen Frankreichs in Marokko stillschweigend geduldet.

Im Sommer 1904 musste Russland im Krieg gegen Japan schwere Niederlagen hinnehmen. Das deutsche Reich sah darin die Möglichkeit, sich Russland wieder zu nähern.

Einem deutsch-russischen Bündnis, so meinten die Politiker in Berlin, müsste sich dann notgedrungen auch das mit Russland verbündete Frankreich anschließen. Dann wäre England, das Deutschland wegen seiner Flottenpolitik argwöhnisch gegenüberstand, isoliert. Doch Frankreich zeigte sich diesem Plan nicht geneigt. So versuchte Deutschland, durch unmittelbaren Druck ans Ziel zu kommen. Es meldete 1905 deutsche Interessen in Marokko an und verlangte, in allen Entscheidungen über das Land mitzusprechen. Und um der Welt zu zeigen, dass das Reich die Souveränität Marokkos achte und vor Frankreich nicht zurückweiche, stattete der Kaiser dem Sultan am 31. März 1905 in **Tanger** einen Besuch ab.

So sah die Welt die deutsche Einmischung in Marokko

Die Marokko-Politik der europäischen Staaten war im **Madrider Abkommen von 1880** geregelt worden. Deutschland forderte nun eine **Konferenz** der Unterzeichnerstaaten dieses Vertrages. Sie wurde **1906** nach **Algeciras** in Spanien einberufen. Hier setzte Frankreich durch, dass die marokkanische Polizei französischen und spanischen Offizieren unterstellt wurde. Deutschland hatte die Errichtung einer internationalen Kontrolle des Landes verlangt. In Algeciras stimmten außer Marokko und Österreich keiner der hier vertretenen Staaten dieser Forderung zu. Der Verlauf der Konferenz bedeutete für Deutschland eine schwere außenpolitische Niederlage. Die völlige internationale Isolierung des Reiches war offen zutage getreten. Wohl schlossen die Staaten 1909 einen Vertrag, der die deutschen Handelsinteressen in Marokko regeln sollte, doch Frankreich hielt sich nicht daran. In der Folgezeit behinderte es dort die wirtschaftliche Betätigung der Deutschen. Trotz der Differenzen beruhigte sich aber zunächst die Lage wieder.

Die **2. Marokkokrise** brach **1911** aus. Wegen innerer Unruhen hatte Frankreich gegen Marokko wirtschaftliche Sanktionen verhängt und Rabat sowie die Hauptstadt Fes besetzt. Das Deutsche Reich wollte dieses Vorgehen nicht hinnehmen, lief es doch auf eine endgültige Besitznahme des Landes durch Frankreich hinaus. Deutschland verlangte als Kompensation das französische Kongogebiet. Um seiner Forderung Nachdruck zu verleihen, ließ Wilhelm II. das Kanonenboot „Panther" vor der marokkanischen Küste kreuzen.

Dieser **„Panthersprung nach Agadir“** sollte die Entschlossenheit zum Krieg deutlich machen. In Deutschland löste das Erscheinen eines deutschen Kriegsschiffes vor der marokkanischen Küste Jubelstürme aus. Das Reich konnte im Marokko-Kongo-Vertrag vom November 1911 wohl geringe Kompensationen für die Anerkennung der französischen Schutzherrschaft über Marokko bekommen, nicht aber wie erwartet das gesamte französische Kongogebiet. Auf diplomatischer Ebene sah sich Deutschland durch seine militärische Aktion völlig isoliert. Die Entente cordiale war gefestigt worden.

Auch Österreich hatte keinswegs geringere außenpolitische Probleme. Die **Tschechen** forderten nachdrücklich gleiche Rechte im Staat, wie sie die Deutschen und Ungarn besaßen. In dieser Frage schien sich eine Lösung anzubahnen. Zum größten Problem für die Donaumonarchie jedoch wurde der **Balkan.** Dort befand sich die jahrhundertelange Herrschaft des Osmanischen Reiches in Auflösung. Das Pulverfass war **Bosnien und Herzegowina,** die seit 1878 unter österreichischer Verwaltung standen. Nun war 1903 im benachbarten **Serbien** ein Herrscherhaus an die Regierung gekommen, das alle Südslawen, die Bulgaren ausgenommen, in einem Staat vereinen und damit ein Großserbien schaffen wollte. Russland begünstigte diese Absicht. Sie entsprach dem dortigen **Panslawismus,** jener Bewegung, die den politischen und kulturellen Zusammenschluss aller Slawen zum Ziel hatte.

Die ohnehin schwer überschaubaren Verhältnisse auf dem Balkan gerieten noch mehr in Unordnung, als die jungtürkische Revolution Bosnien und Herzegowina ergriff. Das war ursprünglich eine Erhebung gegen die bestehenden Herrschaftsverhältnisse in der Türkei. Jetzt aber bedrohte sie auch die Besatzungsrechte Österreich-Ungarns. Die Wiener Regierung **annektierte 1908 Bosnien und Herzegowina.** Sie glaubte, damit weiteren für die Donaumonarchie gefährlichen Entwicklungen zuvorgekommen zu sein. Dieser folgenreiche Schritt geschah ohne Kenntnis Deutschlands, dem einzigen Bundesgenossen der Donaumonarchie. Dennoch stellte sich das Reich an die Seite Österreichs. Es vermittelte zwischen den Mächten, vor allem gegenüber Russland, sodass die Einverleibung der beiden Provinzen in den österreichischen Staatsverband hingenommen wurde.

Seit 1878 war das schwache Osmanische Reich in den von ihm beherrschten europäischen Gebieten immer mehr vor den Forderungen der nationalen Minderheiten zurückgewichen.

Bei der Konferenz von Algeciras hatte **Italien** von Frankreich die Versicherung erhalten, es würde seine Interessen in **Tripolis** respektieren. Das türkische Tripolis stand mit Duldung Frankreichs und des Dreibundes unter italienischem Protektorat. Doch Italien befürchtete einen Einmarsch der Franzosen. Um dem zuvorzukommen, richtete es ein Ultimatum an die Türkei, mit der Forderung, Tripolis abzutreten.

Als dies zurückgewiesen wurde, erklärte Italien der Türkei den Krieg und marschierte im September 1911 in Tripolis ein.

Das Verhalten Italiens ließ die Balkanländer befürchten, dass Österreich nun auch noch die letzten europäischen Besitzungen der Türkei gewaltsam an sich reißen könnte. Im März **1912** schlossen **Bulgarien** und **Serbien** ein **Bündnis**, dem **Griechenland** und **Montenegro** beitraten. Noch im gleichen Jahr griffen im **1. Balkankrieg** die vier Mächte die türkischen Streitkräfte in Europa an und verdrängten sie aus Mazedonien und von den Inseln der Ägäis. Die Türken zogen sich auf die Meerengen zurück.

Die entstandene Lage warf neue Probleme auf: Österreich wollte Serbien keinen Zugang zum Meer gestatten. Russland dagegen forderte Küstengebiete für Serbien und Montenegro. Die **Londoner Konferenz von 1913** stellte einen Frieden her, bei dem das Adria-Problem durch die Errichtung eines **unabhängigen Albanien** gelöst wurde. Serbien erhielt Gebiete im Innern als Entschädigung. Der **2. Balkankrieg** entzündete sich am Streit darüber, wie Mazedonien aufgeteilt werden sollte. Im **Juni 1913** griff Bulgarien Serbien und Griechenland an, die von der Türkei und Rumänien Hilfe erhielten. Bulgarien wurde geschlagen und verlor die Gewinne aus dem 1. Balkankrieg. Das von Russland unterstützte Serbien ging aus diesen Wirren schließlich als stärkste Macht hervor.

Nach beiden Balkankriegen hatten sich in den internationalen Beziehungen die ungelösten Fragen noch vermehrt:

- Es bestanden territoriale Probleme auf dem Balkan, vor allem bei der Aufteilung Makedoniens.
- Es herrschte eine hochgespannte Stimmung des Misstrauens, auch unter befreundeten Mächten.
- Der Ton zwischen Russland und Österreich war schärfer geworden. Beide Regierungen und die Spitzen ihrer Armeen wurden jetzt von Männern beherrscht, die „Klarheit in Europa“ schaffen wollten und dabei nicht vor einem Krieg zurückschreckten.

Auch das **deutsch-englische Verhältnis** hatte sich zur **Krise** zugespitzt. Die Ursache lag vor allem in der Aufrüstung der deutschen Flotte. Um mit England zu einem Neutralitätsabkommen zu gelangen, boten die Deutschen den Briten an, den Bau von Kriegsschiffen zu verlangsamen. Diese Krise zog sich über drei Jahre hin, ohne dass Verhandlungen zustande kamen. Erst als 1912 die Deutschen eine weitere Verstärkung ihrer Kriegsflotte ankündigten und für 1913 den zusätzlichen Bau von drei Schlachtschiffen in Aussicht stellten, zeigte sich die englische Seite zu einer Zusammenkunft geneigt. Der Kriegsminister **Lord Haldane** kam nach Berlin. Die Gespräche verliefen jedoch ergebnislos, da sich die deutsche Admiralität geweigert hatte, ihr Flottenprogramm einem diplomatischen Abkommen zu opfern. Und das britische Außenministerium scheute sich, nicht zuletzt auch mit Rücksicht auf die Partner Frankreich und Russland, den Deutschen ein verbindliches Neutralitätsversprechen abzugeben.

Das gegenseitige Misstrauen und die Einbindung der Mächte in sich feindselig gegenüberstehende Blöcke war schon zu groß, dass noch Wege der Verständigung gefunden werden konnten.

Die Julikrise

Die an der deutschen Unnachgiebigkeit gescheiterte Haldane-Mission hatte deutlich gezeigt, dass die deutsche Politik eine kriegerische Lösung der bestehenden internationalen Konflikte für immer wahrscheinlicher hielt. Allerdings war bei Politikern und Militärs die Überzeugung von der unüberwindlichen militärischen Stärke einem Gefühl wachsender Unsicherheit gewichen. Die kontinentalen Nachbarn des Reiches rüsteten energisch auf. Nach dem verlorenen Krieg gegen Japan reorganisierte Russland seine Armee. Auf den im Frühjahr 1913 erfolgten Reichstagsbeschluss zu einer weiteren Verstärkung der deutschen Streitkräfte reagierte Frankreich mit der Einführung der dreijährigen Dienstzeit.

Das Wettrüsten zwischen Deutschland, Frankreich und Russland hatte seit 1912 ein Ausmaß angenommen, das alle Beteiligten überanstrengte und auf die Dauer so nicht durchzuhalten war. Wie der österreichische so sah auch der deutsche Generalstab mit wachsender Sorge die bedrohliche Zunahme der militärischen Stärke auf der Gegenseite. Da lag es nahe, ernsthaft zu überlegen, ob es nicht Zeit wäre „loszuschlagen", so lange noch einigermaßen Kräftegleichgewicht bestand. Zu dieser Anschauung gelangte auch die nationalistisch überhitzte öffentliche Meinung in beiden Ländern.

Am 28. Juni 1914 erschoss ein junger serbischer Nationalist den österreichischen Thronfolger, Erzherzog **Franz Ferdinand** und seine Gattin in Sarajewo. Der Mord war vom Leiter des serbischen Nachrichtendienstes, einem der Führer der radikal-nationalistischen Vereinigung „Schwarze Hand", kühl berechnet und geplant worden. Die jungen Fanatiker, die ihn ausführten, waren lediglich willige Werkzeuge.

Erzherzog Franz Ferdinand von Österreich und Sophie von Hohenberg kurz vor dem Attentat am 28. Juni 1914.

Die deutsche Regierung stellte sich bedingungslos hinter Österreich und sagte bei allen Vorhaben militärischen Beistand zu. Dieses Angebot wertete die Regierung in Wien als das, was es auch war – ein Blankoscheck.

Österreich stellte daraufhin Serbien ein Ultimatum, in dem es die serbische Regierung der Mittäterschaft an der Mordtat beschuldigte. Was dieses Ultimatum forderte, war von vornherein bewusst auf Unerfüllbarkeit angelegt, denn Österreich und sein deutscher Verbündeter wollten den Krieg gegen Serbien. Vor allem Österreich sah jetzt die Gelegenheit, den expandierenden Balkanstaat zu beseitigen, der mit seinem Ziel, die Südslawen zu vereinigen, den Habsburger Vielvölkerstaat gefährdete.

Bei vollständiger Erfüllung der österreichischen Bedingungen hätte Serbien seine Souveränität aufgegeben. Es war zwar zu wesentlichen Zugeständnissen bereit, doch Österreich gingen die nicht weit genug. Es erklärte am **28. Juli 1914 den Krieg.**

In den darauf folgenden Tagen entglitten den Außenpolitikern und Diplomaten die Fäden des Geschehens immer mehr. Der Lauf der Ereignisse wurde zunehmend durch die Soldaten bestimmt und gewannen außerdem eine verhängnisvolle Eigengesetzlichkeit.

England teilte der deutschen Reichsregierung mit, dass Deutschland bei einem Angriff auf Frankreich nicht mit der britischen Neutralität rechnen könne. Nun unternahmen die Deutschen den schwachen und verspäteten Versuch, die Österreicher zurückzuhalten.

Inzwischen war in **Russland** die Teilmobilisierung der Streitkräfte erfolgt. Das veranlasste den deutschen Generalstab, die österreichische Armeeführung zu drängen, ebenfalls sofort mobil zu machen und die vom britischen Außenministerium in Wien eingetroffenen Vermittlungsangebote abzulehnen.

Am 31. Juli erfolgte die Mobilmachung Österreich-Ungarns gegen Russland. Am gleichen Tag forderte ein deutsches Ultimatum an Russland, alle eingeleiteten kriegerischen Maßnahmen sofort zu stoppen. Ohne die Antwort der Russen abzuwarten, erging am **1. August 1914 Deutschlands Kriegserklärung an Russland.**

Frankreich reagierte mit der Mobilisierung seiner Armee. Es konnte in Deutschland kein Zweifel über ein Zusammengehen Russlands und Frankreichs bestehen. Als aus Paris auf eine Note der Berliner Regierung, die eine französische Neutralitätszusage forderte, eine ausweichende Antwort kam, erklärte **Deutschland am 3. August 1914 auch Frankreich den Krieg.** Der von Bismarck gefürchtete **Zweifrontenkrieg** war Wirklichkeit geworden.

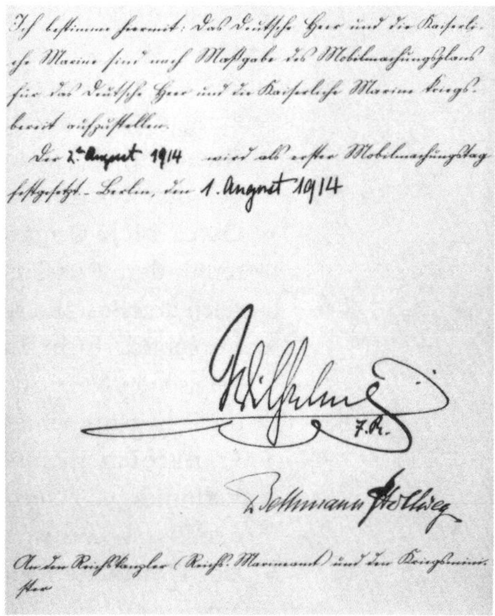
Ich bestimme hiermit: Das Deutsche Heer und die Kaiserliche Marine sind nach Maßgabe des Mobilmachungsplans für das Deutsche Heer und die Kaiserliche Marine kriegsbereit aufzustellen.
Der 2. August 1914 wird als erster Mobilmachungstag festgesetzt. Berlin, den 1. August 1914
Wilhelm I.R.
v. Bethmann Hollweg
An den Reichskanzler (Reichs-Marineamt) und den Kriegsminister

Der deutsche Mobilmachungsbefehl.

In Berlin unterschätzte man die englische Warnung, dass Großbritannien in einem europäischen Krieg nicht neutral bleiben könne. Hartnäckig verfolgte die Regierung den von militärischen Erwägungen diktierten und das Handeln der Politiker lenkenden **Schlieffenplan.** Der sah für den Fall des Zweifrontenkrieges vor, zuerst die französische Armee mit einem raschen Schlag niederzuwerfen und darauf mit allen Kräften den Kampf gegen Russland aufzunehmen. Der Zwang, gegen Frankreich einen schnellen Erfolg herbeiführen zu müssen, veranlasste die Führung des deutschen Heeres, den frontalen Durchbruch durch die Festungen der französischen Ostgrenze gar nicht erst zu versuchen, sondern unter **Missachtung der Neu-**

tralität Belgiens weit ausholend die Armeen Frankreichs von Norden her zu umfassen. Nach einer Schwenkung westlich an Paris vorbei sollte die Hauptstadt eingenommen und das Land zur Kapitulation gezwungen werden.

Deutschland verlangte in einer Note an die belgische Regierung freien Durchzug für deutsche Truppen. Als dies abgelehnt wurde, erfolgte am 3. August die Kriegserklärung. Das **deutsche Heer marschierte in Belgien ein.**

Jetzt brauchte der englische Außenminister die stattliche Zahl von Kriegsgegnern im Unterhaus nicht mehr für die Bündnisverpflichtung gegenüber Frankreich zu gewinnen. Er berief sich auf die historisch begründeten Garantien, die England bei der Unabhängigkeitserklärung Belgiens abgegeben hatte, für dessen Neutralität einzustehen. Am **4. August 1914** befand sich **Deutschland im Krieg mit Großbritannien.**

In seinem Kriegsmanifest „An meine Völker“ erklärte Österreichs Kaiser Franz Joseph, er habe den Frieden bewahren wollen, doch „im Rate der Vorsehung war es anders beschlossen“. Angesichts dieser Aussage muss man fragen, ob wirklich ein übermächtiges Schicksal willenlose Staatsmänner in die „Ur-Katastrophe des 20. Jahrhunderts“ getrieben hatte. Insgesamt kann festgehalten werden, dass jede der fünf Großmächte den Krieg hätte vermeiden können. Doch ließen sie sich von fragwürdigen Interessen leiten, deren Durchsetzung in keinem Verhältnis zu den alles zerstörenden Folgen stand.

- **Russland** als expansive Großmacht nahm für die Eroberung Konstantinopels den Krieg in Kauf.
- **Österreich-Ungarn** wollte die Habsburger Monarchie um jeden Preis erhalten. Indem Russland Serbiens Aufstieg zur Großmacht förderte, sah Österreich den Bestand seines vom Verfall gekennzeichneten Staates bedroht.
- Vorgeblich focht **England** für das durch Deutschlands Nichtachtung der belgischen Neutralität verletzte Völkerrecht. Doch ging es ihm vor allem um die Erhaltung seiner Machtstellung in Europa.
- **Frankreich** meinte, nur durch Solidarität gegenüber Russland, sich den Verbündeten zu erhalten, mit dessen Hilfe die Rückgewinnung des verlorenen Elsass-Lothringens möglich wäre.
- Das **Deutsche Reich** trat vorbehaltlos an die Seite Österreichs, um seinen einzigen Verbündeten nicht zu verlieren.

So haben die Verantwortlichen der fünf Großmächte durch Unwissenheit, Unfähigkeit und Leichtsinn einen Krieg verursacht, von dessen gewaltiger Zerstörungskraft und den entsetzlichen Folgen sich niemand auch nur annähernd eine Vorstellung zu machen vermochte.

Der Erste Weltkrieg

Vom Schlieffenplan bis Brest-Litowsk

Bei den sich gegenüberstehenden Blöcken bestand ein auffallendes Missverhältnis zwischen der Zahl der Bevölkerung und der der Streitkräfte. Auch was die finanziellen Mittel anging, einen Krieg durchzustehen, waren die Alliierten den Mittelmächten gegenüber im Vorteil.

In den Grenzen des deutschen Reiches und Österreich-Ungarns lebten insgesamt ca. 118 Millionen Menschen, die Länder der Tripel-Entente hatten 260 Millionen Einwohner. Die Mittelmächte stellten 3,8 Millionen Soldaten ins Feld, die Gegner 5,8 Millionen. Zudem zeigten sich in der österreichischen Armee Auflösungserscheinungen, denn die einzelnen Völker der Donaumonarchie strebten nach nationaler Selbstständigkeit. Einem Galizier, Slowenen oder Tschechen war nur schwer zu vermitteln, dass er Habsburgs Vielvölkerstaat zusammen mit Tirolern und Steiermärkern verteidigen sollte. Bei dieser Ausgangslage musste ein langer Krieg die Siegesaussichten immer mehr verschlechtern.

Graf Alfred von Schlieffen (1833–1913)

Es gab aber auch einige Faktoren, die das deutsch-österreichische Bündnis begünstigten: Das gut ausgebaute Eisenbahnnetz ermöglichte in der belagerten „Festung Mitteleuropa“ rasche Truppenver-schiebungen. Die straffe Organisation bei der Mobilisierung von Massen-Armeen, wie sie sich in den Augusttagen von 1914 zeigte, hatte dem deutschen Heer gegenüber dem schleppend in Gang kommenden russischen Aufmarsch strategische Vorteile verschafft.

Nach dem Schlieffenplan, der die blitzartige Niederringung Frankreichs vorsah, um Handlungsfreiheit gegen Russland zu bekommen, marschierten sieben Armeen im Westen auf, eine blieb zum Schutz der deutschen Ostgrenze.

Am 4. September 1914 waren die Spitzen des deutschen Heeres nur noch wenige Kilometer vor Paris. Bei dem schnellen Vormarsch verloren die deutschen Angriffsarmeen den Kontakt untereinander. Als der französische Oberbefehlshaber Joffre den Gegenangriff einleitete, bestand zwischen der deutschen 1. und 2. Armee eine Lücke von 40 Kilometern, in die die französischen und englischen Verbände hineinstießen. Am 6. September begann die bis zum 9. September dauernde **Marneschlacht.**

Marneschlacht 1914: Deutsche Soldaten liegen mit schussbereiten Waffen in vorderster Front.

Als der deutsche Generalstab einen Durchbruch der Alliierten befürchtete, zog er seine Truppen zurück. Die Franzosen bezeichneten diese Wendung als „Wunder an der Marne", die Deutschen als „Marne-Drama". Sie hatten ihre Siegeshoffnung auf den Schlieffenplan gesetzt. Er war gescheitert.

Der deutsche Generalstabschef Moltke, der Jüngere wurde abberufen. Sein Nachfolger aber setzte den einmal beschrittenen Weg, zuerst Frankreich niederzuwerfen, fort. Er versuchte, die französischen und englischen Armeen von Norden her zu überflügeln. Das wurde ein **„Wettlauf zum Meer"**, eine Folge von Schlachten, die an Härte zunahmen, je näher die ineinander verbissenen Feinde der Kanalküste kamen. Die deutschen Angreifer erlitten hohe Verluste. Besonders hoch waren sie unter den jungen Kriegsfreiwilligen, die voll Todesverachtung die feindlichen Maschinengewehrstellungen stürmten.

Im **November 1914** erstarrte die Westfront im **Stellungskrieg.** Von der belgischen Kanalküste bis zur schweizer Grenze entstand auf 800 km Länge ein System von Schützengräben, Stacheldrahtverhauen und Unterständen, das mit Maschinengewehren verteidigt wurde und nicht zu überwinden war.

Am 21. Februar 1916 eröffnete die deutsche Artillerie ein neunstündiges Trommelfeuer auf **Verdun,** den Eckpfeiler des französischen Festungssystems. Der deutsche Generalstab verfolgte mit dem Angriff auf Frankreichs stärkste Festung neben einer starken psychologischen Wirkung, die in der Niederringung des für unüberwindlich geltenden Bollwerks lag, die „Ausblutungsstrategie". Für die Franzosen, so rechneten sie, wäre es eine Frage der Ehre, ihre stärkste Festung bis zum letzten Mann zu verteidigen. „Verdun" offenbarte bisher unbekannte Ausmaße einer Kriegsführung des massenhaften Einsatzes von Material. Es standen sich 1,5 Millionen Soldaten gegenüber. Das Gemetzel nahm unvorstellbare Dimensionen an. Die Toten auf beiden Seiten beliefen sich auf über 700 000 Mann.

Während die Deutschen von Februar bis September 1916 Verdun einnehmen wollten, begann im **Juli 1916 die Schlacht an der Somme.** Die Alliierten versuchten mit dem Großeinsatz von 104 Divisionen und starker Artillerie, erstmals auch unterstützt von englischen Panzern, den deutschen Widerstand zu brechen. Vier Monate lang wurden Millionen von Granaten und Minen vergeblich eingesetzt. Es war eine der größten Materialschlachten des Krieges. Auf deutscher Seite fielen 500 000 Mann, bei den Alliierten 650 000. Als 1917 ein neuer Angriff des Gegners an der Somme zu erwarten war, zogen sich die Deutschen auf ihre befestigte „Siegfriedstellung" zurück.

Im Osten waren die russischen Armeen rascher als erwartet vorgerückt. Die dort vorhandenen deutschen Kräfte wurden dem Kommando des Generals **von Hindenburg** und seines Stabschefs **Ludendorff** unterstellt. Es gelang in der Schlacht von **Tannenberg** (26.–30. August 1914) die weit überlegene russische Narew-Armee einzukesseln und zu vernichten. Die Winterschlacht in Masuren vom Februar 1915 befreite dann Ostpreußen vollständig von den Russen. Die Deutschen hatten dabei 100 000 Gefangene gemacht.

Weniger erfolgreich verliefen die Kämpfe der österreichisch-ungarischen Armeen gegen Russland. Die Österreicher verloren Teile Galiziens und büßten ein Drittel ihrer Kampfstärke ein. Im Mai 1915 gelang es den Deutschen, mit der **Offensive von Tarnow-Gorlice** nördlich der Karpaten die österreichische Front zu entlasten. Russland musste Galizien räumen. Im weiteren Verlauf des Krieges verlor es auch Litauen, Kurland und Polen. Dann erschöpfte sich der Kampf. Wie schon 1914/15 lagen sich die feindlichen Heere im Grabenkrieg gegenüber.

Noch einmal hatten 1916 die Russen Erfolg mit ihrer **Brussilow-Offensive.** Am Südabschnitt der russischen Front hatte General Brussilow im Juni 1916 einen Überraschungsangriff begonnen, der so erfolgreich war, dass der Bestand der Donaumonarchie gefährdet erschien. Doch das war ein letztes Aufflammen des russischen Angriffswillens. Bis ins Jahr 1917, das den Friedensschluss von Brest-Litowsk brachte, ging für die Mittelmächte vom zaristischen Russland keine Gefahr mehr aus.

Der russische Erfolg der Brussilow-Offensive war zeitlich mit den schweren deutschen Abwehrkämpfen an der Somme und dem Standhalten der Franzosen in Verdun zusammengefallen. Dies bewies, dass die Alliierten keinesfalls in ihrer Kampfbereitschaft geschwächt waren.

Der Krieg weitete sich aus. 1915 reihte sich **Italien gegen Österreich** in das Lager der Entente und **Bulgarien gegen Serbien** in das der Mittelmächte ein. Auch **Rumänien** trat 1916 auf die Seite der Alliierten. Es erlebte im gleichen Jahr noch die Niederlage. Die **Türkei** hatte sich schon im November 1914 den Mittelmächten angeschlossen. Serbien wurde 1915 von den deutschen, österreichischen und bulgarischen Truppen erobert. Damit war der Landweg zwischen den Armeen der Mittelmächte und denen der Türkei gesichert. Eine neue Front bauten die Alliierten mit den serbischen Reststreitkräften in Mazedonien auf.

Der italienischen Armee gelang es in den zwölf Schlachten am Isonzo zwischen 1915 und 1917 nicht, die österreichische Front zu durchbrechen. Auch bei den Kämpfen in den Südtiroler Alpen behaupteten sich die Österreicher.

Deutschland hatte unter finanziellen Opfern eine mächtige **Flotte** aufgebaut, ohne Rücksicht auf die Gefährdung der deutsch-englischen Beziehungen. Diese Flotte wurde zunächst nicht eingesetzt. Sie sollte vor einem Zusammenstoß mit der ihr überlegenen englischen Hochseeflotte bewahrt werden.

Im Mai 1916 trafen dennoch die beiden feindlichen Kriegsflotten in den Gewässern zwischen Südnorwegen und Dänemark aufeinander. Trotz ihrer Überlegenheit konnten die Briten die Entscheidung in der **„Seeschlacht vor dem Skagerrak"** nicht herbeiführen.

Doch wichtiger als ihre Schlachtschiffe wurden für die deutsche Seekriegsführung die **U-Boote.** Als Antwort auf die englische Blockade, die Absperrung der deutschen Häfen von den Weltmeeren durch Englands Flotte, erklärte im Februar 1915 die deutsche Admiralität die See um England zum Sperrgebiet. Sie wollte die Insel ebenfalls einer Hungerblockade aussetzen. Die U-Boote führten nun einen **uneingeschränkten U-Boot-Krieg:** Ohne Warnung wurde alles torpediert. Für Besatzungen und Passagiere der Schiffe bestand keine Möglichkeit, das Leben zu retten.

Als im Mai 1915 der Passagierdampfer Lusitania versenkt wurde, starben 1 200 Zivilpersonen, darunter 100 US-Bürger. Der **Lusitania-Zwischenfall** löste eine Protestwelle in den neutralen Staaten aus, und in den USA verschärfte sich die antideutsche Stimmung. Darauf schränkte die Seekriegsleitung den U-Boot-Krieg ein. Das beeinträchtigte natürlich die Wirksamkeit der deutschen Blockade-Maßnahmen gegen England.

Die **Kolonien**, fernab des Mutterlandes, standen auf verlorenem Posten. Togo, Kamerun und Deutsch-Südwestafrika gingen gleich zu Kriegsbeginn verloren, ebenso die deutschen Inseln im Pazifik und das Pachtgebiet in China. Nur die Schutztruppen in Ostafrika konnten die Kolonie bis Kriegsende gegen feindliche Angriffe verteidigen.

Die deutschen Kriegsziele

Gleich nach Kriegsbeginn legte der deutsche Reichskanzler Bethmann Hollweg mit dem **September-Programm** der Öffentlichkeit die **deutschen Kriegsziele** vor. Es enthielt die „Grundsätze für eine deutsche Friedensordnung nach einem deutschen Sieg“ und trug die Überschrift „Das allgemeine Ziel des Krieges“.

In diesem Programm ging die Regierung von einem in wenigen Wochen zu erringenden **Sieg über Frankreich** aus. Deshalb wurden dem deutschen Volk schon Einzelheiten über Frankreichs künftige Behandlung mitgeteilt.

Dagegen glaubte man, eine Niederlage des russischen Riesenreiches nicht so schnell herbeiführen zu können. Das Kriegszielprogramm **Russland** betreffend enthält darum nur zwei Feststellungen:

Die russischen Grenzen sollten weiter nach Osten verschoben und das Herrschaftsgebiet durch Ausgliederung der von Nichtrussen bewohnten Territorien ganz wesentlich verkleinert werden.

Um **Frankreich** endgültig **seine europäische Großmachtrolle** zu **nehmen,** waren fürs Erste einige einschneidende Maßnahmen vorgesehen:

- die Abtretung Belforts und der westlichen Vogesen an Deutschland,
- die Zerstörung der französischen Festungen,
- die Küste von Dünkirchen bis Boulogne unter deutsche Kontrolle zu bringen,
- die Abtretung des Erzbeckens von Briey und Longwy an die deutsche Stahlindustrie,
- Kriegsentschädigung von Frankreich, die in den kommenden zwei Jahrzehnten dessen militärische Rüstung finanziell unmöglich machen sollte,
- ein deutsch-französischer Handelsvertrag, der Frankreich zur Abnahme deutscher Exporte zwang und die Wirtschaftsbeziehungen zu England unterband.

Auch das von den Deutschen überfallene neutrale **Belgien** kam im deutschen Zukunftsprogramm nicht ungeschoren davon. Es sollte:

- ein deutscher Vasallenstaat werden, der als Provinz wirtschaftlich vom Reich abhängig war,
- eine Reihe von Gebieten an Deutschland abtreten,
- an der Küste und in den Häfen die deutsche Besatzungsmacht dulden.

Des Weiteren bestimmte das Septemberprogramm die Einbeziehung **Luxemburgs** als deutschen Bundesstaat in das Deutsche Reich. Selbst das militärisch verschonte und dadurch neutral gebliebene Holland kam in diesem Programm vor: Holland sollte in „ein enges Verhältnis zum Deutschen Reich" gebracht werden.

Auch über **Deutschlands** zukünftigen **Kolonialbesitz** sind hier Bestimmungen getroffen worden. Sie laufen auf die Schaffung eines zusammenhängenden mittelafrikanischen Kolonialreiches hinaus. Auf Kosten Großbritanniens sollte Deutschland Gibraltar und Indien erhalten, Frankreich und Russland als Großmächte ausgeschaltet und Belgien zum Vasallen Deutschlands werden. Im Osten sollte durch die Annexion Polens, Litauens und Kurlands ein vom Deutschen Reich abhängiges großes Gebiet entstehen – das waren die Träume des deutschen Bürgertums und der Machthaber im Jahr 1914.

Die verlorene Marneschlacht, der sinnlose Kampf um Verdun, und die Abwehrschlachten an der Somme standen solchen Vorstellungen entgegen. Doch die deutsche Reichsregierung hielt an ihrer Haltung fest, die lautete: „Durchsetzung der Kriegsziele, wenn der „Siegfrieden" erfochten ist!" Der war nicht in Sicht. Es sah eher nach dem Gegenteil aus.

Ein amerikanisches Vermittlungsangebot erreichte Deutschland 1916. Zu diesem Zeitpunkt bestand noch die Möglichkeit, einen Ausweg aus der Sackgasse, in der alle kriegführenden Staaten steckten, zu finden. Die USA wollten einen **Frieden** vermitteln, bei dem es **weder Sieger noch Besiegte** geben sollte. Diesem Angebot geneigt zeigten sich in Deutschland die SPD, später auch die Linksliberalen und Teile des katholischen Zentrums. Doch die deutsche Regierung und mit ihr die Mehrheit der „nationalen Deutschen" hielten an ihrer Forderung eines **„Siegfriedens"** fest.

Die Parole hieß, es dürfe weder in Polen noch in Belgien eine Rückkehr zur Vorkriegslage geben. Die deutschen Politiker entzogen jeder Verhandlungsmöglichkeit den Boden und schufen vollendete Tatsachen: Im Oktober 1916 wurden 400 000 belgische Arbeiter für die deutsche Kriegsindustrie zwangsverpflichtet. Am 5. November des gleichen Jahres entstand im besetzten Russisch-Polen ein von Deutschland abhängiges Königreich Polen.

Noch Anfang 1917, als der Präsident der Vereinigten Staaten Wilson einen Frieden auf der Grundlage der Vorkriegsgrenzen vermitteln wollte, hielt Deutschland daran fest:

- den neuen polnischen Staat wirtschaftlich und militärisch in seinem Einflussbereich zu halten,
- von Frankreich die Abtretung von Grenzgebieten und finanzielle Entschädigungen zu fordern,
- für das Reich Sicherheitsgarantien zu verlangen, wenn Belgien wieder seinen alten staatlichen Zustand bekäme,
- die Kolonien zugunsten Deutschlands neu zu verteilen,
- deutsche Unternehmen und Privatpersonen durch Reparationszahlungen der Alliierten zu entschädigen.

Erst als der völlige militärische Zusammenbruch nicht mehr aufzuhalten war, mussten sich die Deutschen von diesen Wunschvorstellungen lösen.

Das Epochenjahr 1917

Seit 1916 dehnten die Führer der O.H.L., die Generäle Hindenburg und Ludendorff, ihren Einfluss immer mehr über den militärischen Bereich aus. Bald **bestimmte die Oberste Heeresleitung die Gesamtpolitik**. Der Reichskanzler Bethmann Hollweg trat unter dem Druck der militärischen Führung im Sommer 1917 zurück. Die folgenden Regierungschefs hatten sich dem Diktat der Militärs zu beugen.

Der Krieg wurde immer grausamer geführt. In der Stärke ihres Vernichtungswillens stand keine Seite der anderen nach. Kampfflugzeuge und Panzer wurden eingesetzt, der Granatenhagel überstieg jedes Maß. Schließlich scheute man sich nicht, den Feind mit Giftgas anzugreifen. Die deutsche Oberste Heeresleitung mobilisierte die letzten militärischen und zivilen Kraftreserven. Ludendorff prägte für die höchste Anspannung aller Kräfte für den Krieg den Ausdruck „totaler Krieg“. Diesen Begriff aus dem Jahr 1917 griff Goebbels in seiner Durchhalte-Rede vom 18. Februar 1943 wieder auf und wandte ihn auf den Zweiten Weltkrieg an.

Die Verzweiflung des deutschen Volkes steigerte sich immer mehr und erreichte in der Hungersnot des Winters 1916/17 ihren Höhepunkt. Während der vier Jahre des Krieges waren 750 000 Menschen an Unterernährung oder deren Folgen gestorben. Die Überanstrengungen, die die Mobilisierung aller Kraftreserven erforderte, hatte zur völligen Erschöpfung geführt.

In dieser Situation suchte die deutsche Heeresleitung nach einem Weg, den Sieg noch in letzter Stunde zu erfechten und befahl die **Wiederaufnahme des uneingeschränkten U-Boot-Krieges.** Der Schiffsraum, den England für seine Kriegsbedürfnisse brauchte, sollte so stark geschädigt werden, dass die Briten um Frieden bitten müssten. Das würde das Ende des Krieges überhaupt bedeuten, denn ohne Englands Hilfe könnten Frankreich und Russland keinen Widerstand mehr leisten.

Werbeplakat zur Unterstützung der U-Boot-Rüstung.

Die Verfechter eines uneingeschränkten U-Boot-Krieges waren der Meinung, mit 200 Booten mindestens 600 000 Tonnen pro Monat zu versenken. Nach einem halben Jahr, möglicherweise auch nach vier Monaten, so versicherte die O.H.L., würde England, aus Mangel an Schiffen und von allem Nachschub abgeschnitten, am Ende sein.

Amerika hatte schon 1915 beim Lusitania-Zwischenfall mit Kriegseintritt gedroht und diese Drohung 1916 wiederholt. Es war der deutschen Führung klar, dass der uneingeschränkte U-Boot-Krieg die Streitkräfte der USA auf den europäischen Kriegsschauplatz rief.

Die Drohung Amerikas legte den Deutschen die Frage nahe, ob sie es wagen könnten, den Giganten so entschieden herauszufordern. Ein Gutachten der deutschen Seekriegsleitung kam zu dem Schluss, dass die US-Industrie ohnehin schon lange Deutschlands Feinde beliefere. Der Befürchtung, Amerikaner könnten in die Kämpfe mit Frankreich eingreifen, begegnete sie mit dem Hinweis, die USA könnten frühestens 1918 eine Massenarmee aufgestellt und ausgebildet haben. Wahrscheinlich aber käme es überhaupt nicht dazu, denn wenn, wie zu erwarten, Amerikas Soldaten vor 1919/20 nicht einsatzbereit wären, hätte Deutschland sein Ziel, England niederzuringen, erreicht. Diese „Beweisführung" beeindruckte auch die öffentliche Meinung. Und so wurde am 1. Februar 1917 der uneingeschränkte U-Boot-Krieg verkündet.

Die anfänglichen Erfolge bestätigten, was die Deutschen vorausberechnet hatten. 1917 wurden 9 193 543 Tonnen Schiffsraum versenkt. Bis November waren es 8 008 000 Tonnen. In England machte sich ernste Sorge breit.

Die amerikanische Regierung, die einen Kriegseintritt auf der Seite der Entente verlangte, führte zur Rechtfertigung dieses Schrittes vor allem Ideale an; so müsse die Demokratie gegen die Gewaltherrschaft des preußischen Militarismus in den Krieg ziehen, um die „Freiheit der Meere" zu sichern.

Es gab jedoch auch Gründe, die eine breite Öffentlichkeit nicht erfuhr. Seit Jahren belieferte die amerikanische Industrie die Alliierten mit Kriegsmaterial. Der englischen Blockade Deutschlands wegen war der Handel mit dem Deutschen Reich zum Erliegen gekommen. Für die nach England und Frankreich gelieferten Waffen hatten amerikanische Kapitalgeber Kredite vorgeschossen. Mit einem deutschen Sieg wäre die Rückzahlung immenser Summen an den US-Kapitalmarkt nicht mehr gewährleistet gewesen.

Auch aus solchen Gründen erging die Kriegserklärung der USA am 6. April 1917 an das Reich. Damit weitete sich der Krieg, der mit dem Einbezug der Türkei und der deutschen Kolonien in Afrika 1914 die Grenzen Europas schon überschritten hatte, zu einer globalen Auseinandersetzung aus.

Die Rechnung der deutschen Seekriegsleitung ging nicht auf, denn England konnte sich dem Würgegriff der deutschen U-Boote entziehen. Seine Verluste minderten sich auffallend, als die Engländer das Geleitzug-System anwandten. Die alliierten Handelsschiffe fuhren in großen Ansammlungen, und wurden von Kriegsschiffen, darunter die für die U-Boote gefährlichen neuen Torpedo-Boote, geschützt. Außerdem unternahmen die Alliierten größte Anstrengungen, um durch einen verstärkten Schiffsneubau die Verluste auszugleichen.

Im Dezember 1917 trat Amerika schließlich auch gegen Österreich-Ungarn in den Krieg ein. Die Beteiligung der USA am Krieg machte sich für die Deutschen bemerkbar, als sich die US-Seestreitkräfte der Jagd auf deutsche U-Boote anschlossen. Und im Oktober 1917 standen die ersten Soldaten der US-Armee in französischen Schützengräben. Bis zum Waffenstillstand im November 1918 fielen über 75 000 amerikanische Seeleute und Soldaten in diesem Krieg.

Die Deutschen hatten sich in ihren Voraussagen über die Auswirkungen des uneingeschränkten U-Bootkrieges verrechnet. Sie erreichten nicht das erwünschte Doppelziel, England friedensbereit zu machen und die Zufuhr von amerikanischem Kriegsmaterial und Truppen nach Europa zu unterbinden. Junge, unverbrauchte Soldaten der Vereinigten Staaten, die gegen die erschöpften deutschen Stellungen kämpften, brachten nicht nur eine Überlegenheit an Menschen und Material, sie stärkten auch die moralische Widerstandskraft der Franzosen und Engländer.

Während an der Westfront auf beiden Seiten mit immer stärkerem Kräfteeinsatz und größerer Verbissenheit die Entscheidung herbeigezwungen werden sollte, kündigte sich im **Osten** eine **Wendung zugunsten Deutschlands** an.

Zar Nikolaus II. (1868–1918). Portrait um 1912.

Nikolaus II. in russischer Gefangenschaft 1917.

Zwar unternahm die russische Armee unter Brussilow noch einen Offensiv-Vorstoß, doch die Soldaten waren kriegsmüde. Es gingen Gerüchte um, dass der Sturz der bestehenden Herrschaftsverhältnisse nahe bevorstehe. Die Front begann sich aufzulösen. Viel zu lange schon belastete der Krieg das Volk. Er hatte massenhaft Menschenleben gekostet. Zwei Millionen russischer Männer waren gefallen, Millionen in deutsche und österreichische Gefangenschaft geraten. Die Verelendung im russischen Riesenreich schritt unaufhaltsam voran; eine Ernährungswirtschaft gab es nicht mehr, sie war völlig zusammengebrochen. Der Zar hatte allen moralischen Rückhalt im Volk verloren. Und die Heeresführung war nicht mehr bereit, die Monarchie noch zu stützen. Anfang März 1917, nach dem russischen Kalender im Februar, entstanden in Petersburg burg Unruhen. Die Kräfte, die auf eine Änderung drängten, gehörten überwiegend ins Lager des liberalen Bürgertums und in das der gemäßigten Sozialisten. Zar Nikolaus II. wurde zur Abdankung gezwungen – **Russland wurde Republik.** Liberale und Sozialisten erstrebten für das Land eine parlamentarische Staatsform. Und allein schon deshalb, so meinten sie, dürfte der Bund mit den Demokratien des Westens nicht aufgegeben werden. Das bedeutete natürlich, dass ein demokratisches Russland mit den parlamentarisch regierten Ländern England und Frankreich den Kampf gegen das diktatorische Deutschland des Kaisers und seiner Generäle fortsetzen müsste.

Der Sozialist **Kerenski**, Ministerpräsident der neuen Regierung, setzte sich für eine russische Offensive ein, wie es die westlichen Alliierten verlangt hatten. Sie führte zur militärischen Katastrophe und zum Chaos im Innern. Zwei Millionen Soldaten desertierten, das Transport- und Versorgungssystem brach völlig zusammen.

Bisher hatte den radikalen linken Kräften im revolutionären Russland die energische Führung gefehlt. Das änderte sich, als die deutsche Heeresleitung den unter dem Zaren verfolgten und in der Schweiz lebenden Revolutionären, an ihrer Spitze **Lenin**, die Möglichkeit gab, nach Russland zurückzukehren. Die Deutschen sahen in Lenin das geeignete Instrument, den Krieg im Osten zu beenden. Im Sonderzug beförderte die deutsche Oberste Heeresleitung ihn und seine linksradikalen Kampfgenossen nach Petersburg. Nach seiner Rückkehr schürte er dort leidenschaftlich und mit immer größerer Wirkung bei den Massen die Friedenssehnsucht.

Lenin 1917 als Beobachter einer Parade der Roten Armee.

Mit dem Scheitern der Kerenski-Offensive im Sommer 1917 war die Fortsetzung des Krieges für die Regierung der russischen Republik hoffnungslos geworden. Das Verlangen des Volkes nach Frieden wurde übermächtig. Eine zweite Revolution, die **„Große sozialistische Oktoberrevolution“**, der gewaltsame Umsturz vom 7. und 8. November 1917, brachte den „Rat der Volkskommissare“ unter Lenin an die Macht. Er löste das dem Volk gegebene Versprechen ein, das schnelle Ende des Krieges herbeizuführen. Verhandlungen mit der deutschen Seite über einen **Sonderfrieden** wurden aufgenommen.

Am 15. Dezember schwiegen die Waffen an der russischen Front. Am 20. kamen die Unterhändler zu Friedensverhandlungen nach **Brest-Litowsk.** Die konservativen Diplomaten und Offiziere des deutschen Kaisers setzten sich mit den Bolschewisten, die wenige Monate später den Zaren und seine Familie ermordeten, an einen Tisch. Dieser Friede, den Deutschland von Russland erpresste, war ein **Unterwerfungsfriede.** Russland verlor 26 % seines Landes, 27 % seiner landwirtschaftlichen Anbaufläche, 26 % des Eisenbahnnetzes, 33 % der Leichtindustrie, 73 % der Schwerindustrie und 75 % der Kohlebergwerke. Es wurde von seinen Meeren, der Ostsee und dem Schwarzen Meer, abgeschnitten. Finnland, die baltischen Provinzen und der russische Teil Polens gingen ebenso verloren wie die Ukraine.

Den Deutschen brachte dieser Friedensschluss nicht, was sie von ihm erwartet hatten: eine völlige Freisetzung der Kräfte für den Kampf im Westen. Deutschland beherrschte jetzt ein Gebiet, das vom Eismeer bis an die Grenzen Persiens, von der Weichsel bis zum Don reichte und einen großen Teil seiner militärischen Macht im Osten band.

Im Westen indes fehlten der Obersten Heeresleitung 50 Divisionen, die zur Sammlung aller Kräfte für einen kriegsentscheidenden Schlag dringend benötigt wurden.

Noch in anderer Hinsicht erwies sich dieser Friedensschluss für das Deutsche Reich als belastend. Er hatte der Weltöffentlichkeit gezeigt, dass der Vorwurf, einen Unterwerfungskrieg zu führen, seine Richtigkeit hatte. Was war für die Gegner im Westen von einer Macht zu erwarten, die so unbarmherzig gegen den Besiegten vorging? Der Widerstand auf den Schlachtfeldern Frankreichs verhärtete sich daraufhin noch mehr. Auch in Deutschland stieß das Ergebnis von Brest-Litowsk nicht überall auf Zustimmung. Wer nüchtern dachte und nach den vielen militärischen Fehlschlägen seine Hoffnung auf eine politische Lösung gesetzt hatte, sah durch das schlechte Beispiel von Brest-Litowsk die Hoffnung auf einen Verständigungsfrieden sehr gemindert. Die deutschen Sozialisten distanzierten sich noch mehr von den Kräften, die einen solchen Frieden zu verantworten hatten.

Der Zusammenbruch

1916 war der alte Kaiser Franz Joseph I. von Österreich gestorben. In den kriegsmüden Ländern seines Herrschaftsbereiches entstanden überall Volksbewegungen, die eine Auflösung der Donaumonarchie propagierten.

Der junge Kaiser Karl I. suchte unter dem Eindruck des sich ankündigenden Zerfalls nach einem Weg, den Habsburger Vielvölkerstaat zu retten. Ein **Sonderfriede** mit den Alliierten erschien ihm geeignet. Er nahm geheime Verbindungen zum Kriegsgegner Frankreich auf. Die Franzosen sorgten dafür, dass Österreichs deutscher Bündnispartner von diesem Vorgang erfuhr. Die inzwischen nicht mehr so freundlichen deutsch-österreichischen Beziehungen kühlten daraufhin noch mehr ab.

Woodrow Wilson (1856–1924)

US-Präsident **Wilson** hatte im Januar 1918 der Weltöffentlichkeit die **14 Punkte,** eine gewaltfreie und gerechte Friedensordnung, verkündet. Einer dieser Punkte verlangte das **Selbstbestimmungsrecht der Völker.** Die nicht Deutsch sprechenden Angehörigen der Habsburgermonarchie sahen eine Hoffnung auf nationale Selbstbestimmung und Eigenstaatlichkeit und verstärkten ihre Anstrengungen, von Österreich loszukommen.

Die Risse im Gebäude der Mittelmächte machten der deutschen Seite klar, wie verzweifelt die militärische Lage war. Durch eine letzte Kraftanstrengung versuchte die Oberste Heeresleitung jetzt, im Westen die Entscheidung herbeizuführen.

Der große Kampf begann am 21. März 1918. In einer Breite von 70 km griffen die Deutschen an der Nahtstelle der französischen und englischen Front an, versuchten die Engländer von den Franzosen zu trennen und sie vom Festland zu vertreiben. Im großen Angriffsschwung gelang der Durchbruch. Doch die Kräfte der Angreifer reichten nicht, ihn zu erweitern. Auch ein zweiter und dritter Anlauf blieb ergebnislos. Sie standen an der Marne, fünf Tagesmärsche von Paris entfernt. Ein vierter Angriff sollte die Engländer in Flandern treffen. Am 18. Juli 1918 griffen starke französische und amerikanische Kräfte an und trieben die Deutschen zurück.

Der **schwarze Tag des deutschen Heeres** wurde der **8. August.** Die Engländer stießen mit starken Panzerverbänden bei Amiens vor. Die deutsche Armee, in immer wieder neuen Offensivstößen verbraucht, hielt dem gegnerischen Druck nicht mehr stand. Das Kräfteverhältnis wurde ständig ungleicher. Standen bei Beginn der deutschen Frühjahrsoffensive 300 000 US-Soldaten in Frankreich, so hatte sich die Zahl bis zum alliierten Gegenangriff verdoppelt. Im Oktober konnte der französische Oberbefehlshaber über 1,8 Millionen Amerikaner einsetzen. Die Kampfstärke der Deutschen war im gleichen Zeitraum um eine Million zurückgegangen.

Ludendorff, der starke Mann der Obersten Heeresleitung, wies die von Politikern vorgebrachten nachdrücklichen Mahnungen, die Kriegsziele aufzugeben und einen Verständigungsfrieden anzustreben, weit von sich. Er beharrte auf der Meinung, das Heer müsse in Frankreich bleiben, und der Feind an ihm zugrunde gehen.

Erst als die Verbündeten Deutschlands nacheinander um Waffenstillstand baten, begann auch die Oberste Heeresleitung darüber nachzudenken. Der Durchbruch der Alliierten an der bulgarischen Front (15. September) und der Zusammenbruch der Türkei (19. September) veranlassten **Bulgarien** und die **Türkei,** um **Waffenstillstand** zu bitten.

Bereits nach der Kapitulation Bulgariens richtete die deutsche Regierung auf Drängen Ludendorffs am 3. Oktober ein Waffenstillstandsgesuch an den Präsidenten der USA. Am 3. November stellte **Österreich die Kampfhandlungen ein.** Damit war die deutsche militärische Führung ohne jede strategische Chance, denn von nun an stand den Feinden der Weg über Böhmen und Tirol nach Deutschland offen. Die Gegenseite verzögerte die Einstellung der Kämpfe gegen Deutschland, um sich für eine mögliche Fortführung des Krieges bessere militärische Bedingungen zu verschaffen. **Der deutsche Waffenstillstand vom 11. November** war die logische Folge aus dem Versuch, vor dem inneren Zusammenbruch, den Krieg rasch zu beenden.

Deutschland während des Krieges

Der Burgfriede

Als der Kriegsausbruch verkündet wurde, erfasste eine ungeheure Begeisterung die Hauptstädte Europas. In Deutschland ergriff dieses **Augusterlebnis** alle Bevölkerungsschichten. Es war wie ein Rausch. Besonders die Jugend empfand den Krieg als einen Aufbruch aus der bürgerlichen Beengung ihrer Lebensverhältnisse und als die große Chance zur Erneuerung.

Jubelnd wird der Kriegsausbruch im Sommer 1914 auf den Straßen gefeiert.

Das vaterländische Ereignis priesen vor allem Angehörige des Bildungsbürgertums. Hochschulprofessoren und Gymnasiallehrer verbreiteten sich vor ihren Studenten und Schülern über die reinigende Kraft der „Stahlgewitter". Und mancher junge Kriegsfreiwillige, der an die Front ging, gab damit dem gesellschaftlichen Druck der „patriotischen" Vätergeneration auf die Jugend nach. Intellektuelle, Künstler und Schriftsteller trugen zur **„geistigen Mobilmachung"** bei, wie das Thomas Mann, einer ihrer Wortführer, nannte.

Die Schwerpunkte dieser Massenbegeisterung lagen in den großen Städten. Die Menschen in ländlichen Gebieten dachten anders über den Krieg. Dem Bauern, dessen Sohn eingezogen wurde, fehlte seine Arbeitskraft auf dem Hof. Und auch die Industriearbeiterschaft, durch eigene Alltagssorgen belastet, interessierte sich wenig für den ermordeten österreichischen Erzherzog und die Verteidigung von Elsass-Lothringen.

Ende Juli 1914 versammelten sich nach Aufruf der SPD Hunderttausende von Arbeitern in Deutschland zu **Antikriegskundgebungen.** Anschließend kam es nicht selten zu Straßendemonstrationen und gewalttätigen Auseinandersetzungen mit der Polizei.

Wenn die **Regierung** ein geschlossenes, kampffähiges und kriegsbegeistertes Volk hinter sich bringen wollte, **musste** sie unbedingt die Sozialdemokraten an ihrer Seite wissen, sich der **Reichstagsmehrheit der SPD** sicher sein. Das gelang Wilhelm II., als er in der aufgeheizten Kriegsstimmung des 4. Augusts unter dem Jubel des Reichstages ausrief: „Ich kenne keine Parteien mehr, ich kenne nur noch Deutsche".

Bei Kriegsausbruch hatte die Regierung ihren bisherigen Kampf gegen die Sozialdemokratie erst einmal eingestellt. Die Schriften der SPD unterlagen nun keiner Zensur mehr und auch in Staatsbetrieben wie der Eisenbahn durften jetzt Parteimitglieder beschäftigt werden. Ein Sozialdemokrat wurde als gleichberechtigter Bürger im Staat behandelt

Obwohl die SPD wie die sozialistischen Parteien der anderen Länder pazifistisch war, sah sie im August 1914 die „vaterländische Verpflichtung", den „Verteidigungskrieg" zu bejahen. Die Reichsregierung erleichterte der Partei diesen Schritt, als sie erklärte, sie wolle das arbeiterfeindliche Regime des Zaren bekämpfen. In der denkwürdigen Reichstagssitzung vom 4. August 1914, als über die Bewilligung der Kriegskredite abgestimmt wurde, schloss sich die Mehrheit der SPD-Fraktion unter dem Eindruck der ersten Siegesmeldungen von der Westfront dem Antrag der Regierung an und stimmte zu. Damit gab es bis 1917 keine nennenswerte Opposition gegen die kaiserliche Expansionspolitik mehr. Die Regierung nannte diese Ausschaltung der schwachen parlamentarischen Kontrolle „**Burgfriede**".

Schon im August 1914 wandten sich führende sozialdemokratische Politiker und Vertrauensleute der Partei gegen diesen Stillhaltekurs. Sie waren sich einig, dass die Partei die Pflicht gehabt hätte, den Krieg mit allen Mitteln zu verhindern, gegebenenfalls auch durch einen Generalstreik.

Der Reichstagsabgeordnete **Karl Liebknecht** hatte schon am 4. August gegen die Bewilligung der Kriegskredite gestimmt. Er verlor wegen der Ablehnung des Burgfriedens sein Reichstagsmandat. Um ihm und **Rosa Luxemburg** bildete sich eine Bewegung, die sich nach dem Führer des Sklavenaufstandes im antiken Rom **„Spartakus“** nannte. Am 1. Mai 1916 veranstaltete Liebknecht – er war inzwischen als Soldat eingezogen worden – in Berlin eine Demonstration gegen den Krieg. Er wurde verhaftet und von einem Kriegsgericht zu mehreren Jahren Zuchthaus verurteilt. Rosa Luxemburg erhielt eine Gefängnisstrafe.

Karl Liebknecht (1871–1919)

Auch innerhalb der sozialdemokratischen Reichstagsfraktion wuchs die Opposition ständig. Hatten sich von den 110 Abgeordneten der SPD am 4. August vierzehn gegen die Kriegskredite ausgesprochen, waren es im Dezember siebzehn, im März 1915 schon fünfundzwanzig und bei der letzten geschlossenen Abstimmung dreiundvierzig. Wegen der Bewilligung weiterer Kriegskredite kam es im März 1916 zur Spaltung der Fraktion. Der Abgeordnete Haase begründete die ablehnende Haltung seiner Gesinnungsgenossen damit, dass der Sozialismus den Krieg grundsätzlich verabscheue, und in den proletarischen Massen immer mehr das Bewusstsein wachse, für Interessen kämpfen zu müssen, die sie überhaupt nichts angingen.

Der Kriegsalltag

Nachdem sich die vaterländische Hochstimmung gelegt hatte, und die Siegesmeldungen von der Front spärlicher wurden, griff bei den Menschen zu Hause große Ernüchterung um sich.

Im Deutschen Reich war die wirtschaftliche Lage trotz der massenhaften Mobilisierung für den Heeresdienst durch **Arbeitslosigkeit** gekennzeichnet. Die völlig von den Bedürfnissen der Kriegsführung in Anspruch genommenen Staatskassen konnten die Arbeitslosen nicht unterstützen; sie waren auf kirchliche und private Wohlfahrtsorganisationen angewiesen. Die Familien der an der Front kämpfenden Soldaten bestritten ihren Lebensunterhalt nicht mehr wie bisher aus dem Verdienst der arbeitenden Väter; dafür zahlten Reich, Städte und Gemeinden eine bescheidene Kriegsunterstützung. Trotz des ständigen

Anstiegs der Lebenshaltungskosten blieb sie immer auf gleicher Höhe. Viele konnten so ihre Mieten und die sich verteuernden Lebensmittel nicht zahlen. Besonders hart wurde der Existenzkampf der **Frauen** aus unteren sozialen Schichten. Sie begleitete nicht nur die tägliche Angst um das Leben ihrer Männer an der Front, sondern sie mussten auch mit einer kärglichen Kriegsunterstützung für ihre Kinder, manchmal auch für die alten Eltern sorgen. Kriegerwitwen und -waisen konnten nicht mit ausreichender staatlicher Hilfe rechnen. So suchten sich viele Frauen eine Arbeit, lange bevor sie die Oberste Heeresleitung zwangsweise zum Einsatz in Rüstungsbetrieben verpflichtete.

Ganz im Zeichen des Krieges stand auch das Leben von **Kindern** und **Jugendlichen**. Im Unterricht galt das Hauptinteresse dem Geschehen an den Fronten. Als sich die Versorgungslage des Volkes immer mehr verschlechterte, wurden die Kinder zu Ernteeinsätzen und Sammelaktionen herangezogen. In den Abschlussklassen der Gymnasien durfte ein Notabitur abgelegt werden, bevor die Schüler als Kriegsfreiwillige an die Front gingen.

Am meisten jedoch waren die Menschen durch die täglich eintreffenden Nachrichten vom Tod naher Angehöriger belastet. Die Namen der Gefallenen wurden anfangs in der örtlichen Presse in „Verlustlisten“ veröffentlicht. Doch mit dem Ansteigen der Todesraten verschwanden sie aus den Zeitungen. Wie blutig der Krieg war, zeigte sich bald auch im Straßenbild, als Verwundete, Verstümmelte und Versehrte zum gewohnten Anblick wurden.

Ein zentrales Problem in der „Heimat“ war die **Nahrungsmittelversorgung.** Da in den ersten Kriegsjahren alles zu kaufen war, legten sich Wohlhabende Vorratslager an. Die starke Nachfrage trieb die Preise so hoch, dass schon im Sommer 1915 Butter, Fleisch und Eier für die Meisten nicht mehr zu bezahlen waren. Brot wurde ab dem Sommer 1915, die übrigen Grundnahrungsmittel ab Ende 1916 rationiert. In den Großstädten kam es durch die unregelmäßige Belieferung dazu, dass es die auf den Lebensmittelkarten angegebenen Mindestmengen nicht gab. Kriegsküchen sollten der Not in den Städten abhelfen.

Die Versorgung der Bevölkerung verschlechterte sich ab Jahresbeginn 1916 dramatisch. Es gab Hungerkrawalle, Plünderungen von Lebensmittelgeschäften und Selbsthilfeaktionen verzweifelter Menschen. Im Winter 1916/17 hörte die Versorgung mit Kartoffeln und Kohlen ganz auf.

Die Bevölkerung bekam nur noch Steckrüben. Dieser Winter, in dem die Menschen sich fast ausschließlich von Rüben ernährten, ging als „Kohlrübenwinter“ in das allgemeine Bewusstsein ein.

Ersatzprodukte beherrschten den spärlichen Lebensmittelmarkt. Im Sommer 1917 gab es 837 amtlich genehmigte Ersatzpräparate für Wurst, über 1 000 Ersatz-Suppen und 511 Erzeugnisse, die als Notbehelf für Kaffee dienten. Bereits 1916 kam es zu den ersten großen **Streiks** in der Rüstungsindustrie. Die Rufe nach einer Beendigung des Krieges, und damit der Leiden und Entbehrungen, deren Sinn niemand mehr einsehen konnte, wurden immer lauter. Sowohl die Verzweiflung der kämpfenden Soldaten als auch die Not der hungenden und frierenden Zivilbevölkerung begann zu eskalieren.

Lebensmittelwochenübersicht

vom 13. bis 19. August 1917.

Es gelangen zur Ausgabe:

Fleisch 250 Gramm, Abschnitt 46a—k der Reichsfleischkarte (Kundenliste).

Kartoffeln 5 Pfund, Abschnitt 68 a, b, c, d und e der Kartoffelkarte (Kundenliste).

Zucker ¾ Pfund auf die Zuckerkarte vom 1.—31. August.

Rote Nahrungsmittelkarte.

Teigwaren 100 Gramm, Abschn. 118 vom 9. bis 18. August. Sorte I zum Pfundpreise von 72 Pfg., oder Sorte II zum Pfundpreise von 51 Pfg. je nach Vorrat.

Suppen 100 Gramm auf Abschnitt 119 vom 9. bis 18. August. 100 Gramm (lose) z. Preise v. 13 Pf. oder 2 Suppenwürfel bzw. Beutel.

Serie I zum Preise von 10 Pfg., Serie II zum Preise von 15 Pfg. für den Würfel bezw. Beutel.

Graupen bezw. Gerstengrütze 125 Gramm, Abschnitt 120, vom 16. bis 25. August 1917 zum Pfundpreise von 30 Pfg.

Butter und Eier } wie besonders bekannt gemacht.

Nährmittelzusatzkarte für Jugendliche.

Buchweizengrütze 125 Gramm, Abschnitt 18, vom 13. bis 19. August, zum Pfundpreise von 70 Pfg. oder 125 Gramm, Buchweizenmehl zum Pfundpreise von 62 Pfg.

Lebensmittelausweiskarte.

Kriegsmus bis zu 2 Pfund pro Kopf in den zuständigen Kolonialwarengeschäften, soweit der Vorrat reicht.

Sirup bis zu 2 Pfund pro Familie auf Familienausweiskarte in den zuständigen Kolonialwarengeschäften soweit der Vorrat reicht.

Steinpilze getrocknete bis zu 1 Pfund für jede Haushaltung in den bekanntgegebenen und durch Aushang kenntlich gemachten Geschäften.

Frische Fische u. Fischräucherwaren zu den billigsten Tagespreisen in den einschlägigen Geschäften.

Haushaltsbezusgmarke J.

Bienenhonig, ausländischen

1 Pfundglas für kleine Haushaltungen bis zu 3 Personen.
2 Pfundgläser für grosse Haushaltungen über 3 Personen zum Preise von 3,75 M. pro Glas, in den Geschäften, in dem der Haushalt in die Kundenliste für Griess usw. eingetragen ist, vom 19. Juli ab bis auf weiteres.

Für Kantinen, Pensionen, Sanatorien, Kliniken, Gastwirtschaften, Konditoreien und sonstige grössere Betriebe stehen besondere Mengen Auslands-Marmelade zur Verfügung. Bezugsscheine hierauf können gegen sofortige Bezahlung in der Stadthauptkasse bis auf weiteres im Rathause Zimmer 43a empfangen werden.

Charlottenburg, den 11. August 1917.

Der Magistrat.

In den beiden Weltkriegen sollten Lebensmittelkarten der Zivilbevölkerung die Existenzgrundlage sichern.

Aber noch beherrschte eine allgewaltige Bürokratie das Leben in Deutschland. Der Staatsapparat hatte in dem Maße, in dem die Menschen von seiner Nahrungsmittelzuteilung abhängig wurden, immer mehr an Macht gewonnen. Sie verstärkte sich, als die Oberste Heeresleitung die gesamte vollziehende Gewalt übernahm und Reichsregierung und Reichstag in eine Zuschauerrolle gedrängt wurden. Der Kaiser hatte nichts mehr zu sagen. Hindenburg und Ludendorff kommandierten nicht nur die deutsche Armee, sie griffen mit Verordnungen und Erlassen auch in das tägliche Leben der Menschen daheim ein.

Demokratisierungsversuche

Als Anfang März 1917 das liberale Bürgertum in Russland den Zaren stürzte, und die Bolschewiki ihre Absicht erklärten, den Krieg durch die Vereinigung der Proletarier aller Länder zu beenden, geriet auch die deutsche Innenpolitik in Bewegung. Anfang April verließ die linke sozialdemokratische Arbeitsgemeinschaft ihre Partei und bildete die **USPD, die Unabhängige Sozialdemokratische Partei.** Sie forderte die sofortige Verständigung mit Russland und machte für den Fortgang des Krieges die „herrschende Schicht“ verantwortlich.

Die Sozialdemokraten, deren linker Flügel damit weggebrochen war, sahen sich in einer schwierigen Situation. Sie hatten 1914 mit der herrschenden Schicht den Krieg begonnen. Jetzt fürchteten sie, dass ihnen die Massen, von den Vorgängen in Russland und den Parolen der USPD beeindruckt, davonliefen. So setzten sie das Thema **„Wahlrechtsreform in Preußen“** auf die Tagesordnung.

Im März 1917 forderten die Vertreter aller Parteien – mit Ausnahme der Konservativen – den Kanzler auf, die längst überfällige Wahlreform anzuregen. Unter dem zunehmenden Druck der Öffentlichkeit fand sich der Kaiser schließlich bereit, am 7. April 1917 seine **Osterbotschaft** zu verkünden. Darin wurde der Entwurf eines zukünftigen preußischen Wahlrechts vorgelegt, dass eine direkte und geheime Wahl vorsah. Er wollte jedoch dem Volk nicht zusagen, in Preußen auch dem Prinzip der Gleichheit Geltung zu verschaffen. Fragwürdig blieben die Versprechungen auch dadurch, dass die Reformen nicht sofort in die Tat umgesetzt wurden, sondern erst nach dem Endsieg durchgeführt werden sollten. Dem Monarchen, seinen Beratern und denen, die ein halbes Jahrhundert mit der größten Selbstverständlichkeit den Bürger politisch unmündig gehalten hatten, war es nicht nachvollziehbar, dass die Menschen, die an den Fronten kämpften oder in der Heimat Entbehrungen durchmachten, nun auch die gleichen bürgerlichen Rechte haben sollten. Die vom Reichskanzler Bethmann Hollweg angeregte Osterbotschaft stieß auf den heftigen Widerspruch aller rechten Kräfte. Die bisher durch die geltende Wahlordnung bevorzugten Konservativen wollten, dass ihre Sonderrechte weiterhin Geltung behielten, und auch die O.H.L. stellte sich gegen eine Wahlrechtsreform. Sie mag ihr mit der Öffnung zur Demokratie wie ein Verrat am alten Preußentum vorgekommen sein, mit dessen Herrschaftsstrukturen der Krieg gewonnen werden sollte.

Die Osterbotschaft bewirkte also das Gegenteil dessen, was die Anreger der Wahlrechtsreform beabsichtigten, nämlich Volk und Regierende einander zu nähern. Die geplante „Reform“ aber hinterließ bei den Menschen, die täglich den Krieg ertrugen, und weiterhin Staatsbürger dritter Klasse waren, eine tiefe Enttäuschung. Im April kam es zu ersten Massenstreiks in Berlin und Leipzig.

Erst als die Zeit für eine Demokratisierung verpasst war, und mit dem deutschen Waffenstillstandsersuchen zugleich mit Prinz **Max von Baden** ein liberalerer Reichskanzler die Regierungsgeschäfte übernommen hatte, verabschiedete der Kaiser die **„Oktoberreform“.** Am Tag ihrer Verkündung entließ er auch die militärische Nebenregierung mit Hindenburg und Ludendorff.

Dem Artikel 15 der alten Reichsverfassung wurde der Satz eingefügt: „Der Reichskanzler bedarf zu seiner Amtsführung das Vertrauen des Reichstags.“ Nun war **Deutschland eine parlamantarische Monarchie.**

November 1918

Während des Jahres 1917 wurde der Sieg auf dem Schlachtfeld immer zweifelhafter. Die Frage, ob und wie auf andere Weise dem Krieg ein Ende bereitet werden könne, beschäftigte die besonnenen Politiker in Deutschland. **Matthias Erzberger** vom Zentrum und Abgeordnete anderer Parteien regten im **Sommer 1917** eine **Friedensresolution des Deutschen Reichstages** an.

Kurz bevor das Parlament beschlossen hatte, bei der Gegenseite Gespräche über einen Friedensschluss aufzunehmen, war der Deutschen Reichsregierung eine Botschaft des Papstes **Benedikt XV.** zugegangen. Er fragte durch seinen Nuntius **Eugenio Pacelli** an, ob die deutsche Seite an einem allgemeinen Friedensappell des Papstes an die kriegführenden Mächte interessiert sei. Der Papst setze dabei die Freigabe Belgiens als selbstverständlich voraus.

Die Friedensresolution Erzbergers mit dem Wunsch nach einem Versöhnungsfrieden entsprach den Bemühungen des Vatikans. Doch die deutsche Reichsregierung war nicht bereit, noch vor Beginn der Friedensgespräche Zugeständnisse inbezug auf Belgien zu machen. Sie verlangte im Gegenzug von den Entente-Mächten die Versicherung der Unantastbarkeit deutschen Territoriums, wozu selbstverständlich Elsass-Lothringen gehörte.

Die öffentliche Meinung in den Ländern der Entente hingegen wollte zu diesem Zeitpunkt, wo der Sieg für sie immer wahrscheinlicher wurde, nicht Versöhnung, sondern die völlige Niederlage des Feindes. Die deutschen Verfechter eines Verständigungsfriedens wagten nicht, sich vor der Welt klar zur Abkehr von den alten Kriegszielen deutscher Eroberungspolitik zu bekennen. Besonders die herrschenden konservativen Kräfte und die Inhaber der militärischen Gewalt waren noch immer der Ansicht, dass der Sieg nahe sei. Ihre Gefolgschaft im nationalen Bürgertum glaubte wohl gern daran. Es war ein oft gehörter Satz: „Verständigungsfriede? – Dann wären doch alle Opfer umsonst gewesen!“ Die Friedensresolution des Reichstages war gescheitert.

Stattdessen bewirkte sie eine Stärkung der den Krieg bejahenden politischen Gruppen. Die Gegner des Versöhnungsfriedens schlossen sich zur **Vaterlandspartei** zusammen, die alle Kräfte der Rechten bündelte und eine **Durchhalte-Propaganda** betrieb. Ihr Ziel war, den Krieg siegreich zu beenden. Dabei wurden sie von O.H.L., Reichsregierung und Industrie unterstützt.

Die Männer der Friedensresolution, besonders Erzberger traf der Vorwurf, mit ihrem Wunsch nach Beendigung des Krieges der kämpfenden Front in den Rücken gefallen zu sein.

Spartakus-Aufstand in Berlin: Spartakisten-Barrikade aus Papierballen im Zeitungsviertel, Januar 1919.

Dass trotz der Anstrengungen, den Deutschen einen nahen Sieg vorzugaukeln und sie zum Aushalten zu bewegen, die Unzufriedenheit um sich griff, bewiesen die Vorgänge des Jahres 1918: Hunderttausende demonstrierten in deutschen Großstädten für eine rasche Beendigung des Krieges.

Am 28. Januar 1918 traten in Berlin die meisten Arbeiter der Rüstungsbetriebe in den Streik. Sie verließen ihre Werkbänke und zogen in großen Demonstrationszügen durch die Stadt. Am 29. Januar griff die Streikbewegung auf Hamburg über. Es ging jetzt nicht mehr um die Verbesserung der Arbeitsverhältnisse oder der Versorgungslage. Die Menschen streikten, um endlich den Frieden zu bekommen. Außer in Berlin und Hamburg bildeten sich vor allem in München, Nürnberg und Kiel Zentren des Kriegsüberdrusses.

Aus Sorge, dass Deutschland in „russische Zustände" versinken könne, wurden Versammlungen und Demonstrationen verboten, Gewerkschaftsbüros geschlossen und sozialdemokratische Zeitungen am Erscheinen gehindert. Die Streikbewegung flaute daraufhin ab.

Nach den anfänglichen Erfolgen der Frühjahrsoffensive im März 1918 breitete sich wieder neue Hoffnung aus. Man glaubt zunächst, die Septembertage von 1914 seien zurückgekehrt. Doch bei den ersten Anzeichen des Scheiterns der deutschen Offensive sank die Zuversicht auf ein nahes siegreiches Kriegsende auch bei den Soldaten. Schon Mitte April stellte die Führung eine nachlassende Kampfmoral fest. Im Frühsommer häuften sich Meldungen über Befehlsverweigerungen. Häufig kam es vor, dass ganze Einheiten dem Befehl zum Angriff nicht folgten. Soldaten, die als Ersatztruppen noch an die Front sollten, desertierten. Sie nahmen lieber die mehrmonatige Haftstrafe auf sich, als in allerletzter Stunde zu fallen oder zu Invaliden zu werden. Das in der Heimat für die Aufrechterhaltung der inneren Ruhe und Ordnung eingesetzte Militär, zeigte bei Revolten und Demonstrationen unverhohlen Sympathie mit den Menschen, die den Krieg satt hatten. Nach dem 8. August, dem schwarzen Tag des deutsches Heeres, als die Engländer bei Amiens durchgebrochen waren, wuchs die Zahl der desertierenden Soldaten. Sie waren von der Aussichtslosigkeit des Kampfes überzeugt und wollten nichts mehr riskieren. Im Oktober schließlich war allen Einsichtigen klar, dass die letzte deutsche Offensive gescheitert war. Die Regierung verfolgte angesichts der Lage das Ziel, einen günstigen Frieden zu bekommen. Dass dabei die Hohenzollernherrschaft eine Ende finden musste, war allen klar.

Während sich Heer und Luftwaffe noch in schweren Kämpfen befanden, lag die große deutsche Flotte untätig in ihren Häfen. Es verbreitete sich das Gerücht, der Chef des Admiralstabes habe die Absicht, durch einen Einsatz der deutschen Flotte gegen England die Entscheidung herbeizuführen. Bei den Matrosen wuchs die Angst, dass sie noch in allerletzter Minute geopfert werden sollten. Am 28. Oktober brach auf einem Linienschiff Meuterei aus. Am 31. Oktober oder am 1. November sollte der Befehl zum Auslaufen gegeben werden. Als der Befehl „Anker lichten" kam, löschten die Heizer das Feuer unter den Kesseln des Schlachtschiffes „Thüringen". Der Plan der Admiralität wurde daraufhin aufgegeben.

Diese Vorgänge waren das Signal zur Revolution. Die Unruhen beschränkten sich nicht auf die Kriegshäfen. Matrosenaufstände griffen auf Nord-, West- und Mitteldeutschland über. In der überwiegend von linken politischen Kräften geführten revolutionären Bewegung wurden sofort die nach russischem Vorbild der „Sowjets" gebildeten „**Arbeiter- und Soldatenräte**" bestimmend.

Die sozialdemokratischen Minister der Reichsregierung stellten Wilhelm II. ein Ultimatum, das sowohl seine als auch die Abdankung des Kronprinzen bis spätestens 8. November 12 Uhr forderte. Die Ereignisse überschlugen sich. Während der neue Reichskanzler in Berlin im **Notenwechsel mit Präsident Wilson** stand, und eine **deutsche Waffenstillstands-Delegation nach Compiègne** aufbrach, fand auf der Theresienwiese in München eine Friedenskundgebung statt. In den Ruf nach Frieden, Brot und Sicherheit des Daseins mischte sich die Parole von der „preußischen Kriegsverlängerung". Die Bayern lasteten ihrem König an, sich nicht für das Volkes eingesetzt zu haben.

Arbeiter und Soldaten demonstrieren in proletarischer Gemeinsamkeit.

In München wurde ein Arbeiter- und Soldatenrat unter Vorsitz des USPD-Mitglieds **Kurt Eisner** gegründet. Das Bürgertum und die königstreuen bayerischen Sozialdemokraten waren zu kriegsmüde, um zu widersprechen. Vor der Revolution verließ Ludwig III. seine Haupt- und Residenzstadt und ging ins Exil. Der Arbeiter- und Soldatenrat erklärte Bayern zur „demokratischen und sozialen Republik". Am **9. November** ordnete die USPD in Berlin den Generalstreik an.

Ohne eine Antwort des Kaisers auf das Ultimatum in den Händen zu haben, verkündete der letzte kaiserliche Reichskanzler **Prinz Max von Baden** die **Abdankung der Hohenzollern** und übergab sein Amt an dem Vorsitzenden der SPD, **Friedrich Ebert**. Der Sozialdemokrat Philipp Scheidemann rief die **Republik** aus. **Wilhelm II.** bat die holländische Regierung um Zuflucht. Damit endete seine 30-jährige Regierung und die Epoche des Wilhelminismus.

Der Erste Weltkrieg: Hintergründe und Folgen

Die Technisierung des Krieges

Im Verlauf des Krieges hatten insgesamt 65 Millionen Soldaten gekämpft. Die Zahl der Gefallenen lag bei 10 Millionen. Es gab über 21 Millionen Verwundete und 8 Millionen Kriegsgefangene und Vermisste. Die Todesopfer unter der Zivilbevölkerung erreichten über eine halbe Million. Menschen, die vom Krieg gezeichnet waren, bestimmten das Straßenbild.

Gasblinde Soldaten kehren 1915 aus dem Krieg heim.

Zu dem menschlichen Elend kamen die unermesslichen Zerstörungen an kultivierten Landschaften, Wohnstätten, Kulturdenkmälern, Industrieanlagen und Wirtschaftsgütern. Der jedes Maß übersteigende Einsatz von Waffen hatte das Volksvermögen – erarbeitet durch Generationen von Menschen – vernichtet. Der Erste Weltkrieg ist durch einen bis dahin nicht gekannten, unvorstellbaren Einsatz von Waffen gekennzeichnet. An die Stelle der offenen Feldschlacht war die Materialschlacht getreten, bei der die Masse des Kriegsmaterials zum entscheidenden Faktor wurde. Durch die Technisierung hat der Erste Weltkrieg eine neue Dimension des Krieges im industriellen Zeitalter geschaffen.

Die Kriegsschuldfrage

In allen Ländern waren bürgerliche Existenzen ruiniert, Arbeiter von Verelendung bedroht. Eine weit reichende, nicht in Zahlen zu fassende Folge des „Großen Krieges", war jedoch der Einfluss der Kriegserlebnisse auf die Menschen, der das bisherige Leben nachhaltig veränderte.

Fast zwangsläufig stellt sich die Frage nach der Schuld für dieses unvorstellbare Ausmaß an Zerstörung und Leid. Die **Kriegsschuldfrage** beschäftigte seit dem Ende des Ersten Weltkriegs immer wieder Politiker wie Historiker.

Der Versailler Vertrag wies im Artikel 231 die alleinige Kriegsschuld dem Deutschen Reich zu. Ein wesentlicher Grund für dieses Urteil lag auch darin, den Gebiets- und Reparationsforderungen gegen das Reich eine moralische Rechtfertigung zu geben. Der Vorwurf der deutschen Alleinschuld löste eine **Kriegsschuld-Forschung** aus, intensiv und langwierig, die durch umfangreiche Aktenveröffentlichungen in die Vorgeschichte des Krieges einzudringen suchte. Nach 1914 bestand auf deutscher Seite weitgehend die Tendenz, die These vom „aufgezwungenen Krieg" zu untermauern. Hier liegen die Wurzeln für die Außenpolitik der Weimarer Republik, die eine Revision des Versailler Vertrages durch Diplomatie erstrebte. Der nationalsozialistischen Politik diente die Feststellung einer „Unschuld Deutschlands am Ersten Weltkrieg" als propagandistische Ausgangsbasis für den Zweiten Weltkrieg.

Nach 1945 sah die Geschichtswissenschaft die Kriegsschuldfrage komplexer und versuchte, zu einem differenzierten Urteil zu gelangen.

1961 entfachte der Historiker Fritz Fischer mit seinem Buch „Griff nach der Weltmacht" eine die Fachwelt wie die Öffentlichkeit erregende, kontrovers geführte Diskussion über die Vorgeschichte des Ersten Weltkrieges. Fischers Kernthese lautet: Der Erste Weltkrieg sei die zwangsläufige Folge der nach Weltgeltung drängenden deutschen Politik nach 1871. In einem weiteren Buch Fischers, „Wir sind nicht hineingeschlittert", erschienen 1983, widersprach er noch einmal der die deutsche Kriegsschuld relativierenden Ansicht vom „Schuldlos-schuldig-werden" aller Beteiligten. Diese Feststellung nahm das Urteil des englischen Kriegspremiers Lloyd George wieder auf, der die Juli-Krise von 1914 mit den Worten kommentiert hatte: „Keiner der führenden Männer dieser Zeit hat den Krieg tatsächlich gewollt. Sie glitten gewissermaßen hinein, oder besser sie taumelten oder stolperten hinein, vielleicht aus Torheit."

Fischer bestritt die Behauptung von der nur relativen Schuld Deutschlands und wollte beweisen, dass deutsche Präventivkriegsabsichten und die Kriegszielprogrammatik den „Griff nach der Weltmacht" erkennen ließen. Darüber hinaus ging es ihm darum, die Kontinuität der Denkmuster und Ziele in Deutschland zwischen 1914 und 1945 bewusst zu machen. Seine Aussagen richteten sich gegen „einen kollektiven Größenwahn des zumindest größten Teils der einflussreichen Schichten in Deutschland" ,wie es der Historiker Klaus Epstein formulierte.

Auch die neueste – wenn auch etwas spekulative – Veröffentlichung über den Krieg, die des jungen englischen Historikers Niall Ferguson „Der falsche Krieg" (Stuttgart 1999) beschäftigt sich mit Schuld an der „Urkatastrophe" des Ersten Weltkriegs und weist die These von Deutschlands Alleinschuld zurück.

In dem Streit zeichneten sich schließlich Kompromissformeln ab. So wurde die Ansicht laut, die Deutschen hätten in der Julikrise deshalb so bedingungslos kriegsentschlossen hinter Österreich-Ungarn gestanden und seien das Kriegsrisiko bewusst eingegangen, um Österreichs Großmachtstellung zu sichern. In Süd-Ost-Europa hätte es gerade zur Friedenssicherung eines als Großmacht respektierten Österreichs bedurft.

Die aktuell gültige Forschungsrichtung schließt an Fischers These an, relativiert sie aber auch: Die **„Theorie des kalkulierten Risikos"** besagt, dass die deutsche Führung den Konflikt im Juli 1914 bewusst verschärft habe, um

- entweder die gegnerische Entente zu sprengen, weil man hoffte, England bzw. Frankreich würden Russland nicht unterstützen, um den Krieg zu vermeiden,
- oder im Notfall den „Präventivkrieg" gegen Frankreich und Russland zu führen und zu gewinnen, wofür man 1914 noch Chancen sah. Dabei war Deutschland der Meinung, England würde nicht in den Krieg eintreten.
- Als diese Einschätzung der englischen Haltung als unrealistisch erkennbar wurde, habe die deutsche Regierung im letzten Moment versucht, die Krise durch Verhandlungen mit England zu entschärfen, allerdings geführt von den eigenen, kriegswilligen Militärs.

Der Krieg war also nicht unausweichlich, seine Ursachen waren vielschichtig und zum Teil schon Jahrzehnte vorher angelegt:

- Das von Bismarck wegen Deutschlands geografischer Mittellage und damit der Gefahr eines Zweifrontenkrieges im Gleichgewicht gehaltene Geflecht internationaler Bündnisse löste sich auf. Die Abkühlung der deutsch-russischen Beziehungen förderte die russisch-französische Annäherung. Deutschlands Flotten- und Kolonialpolitik empfand England als Bedrohung seiner Weltmachtstellung und schloss sich dem französisch-russischen Bündnis an. Dagegen war Deutschland allein auf Österreich angewiesen und unterstützte daher dessen leichtfertige Balkanpolitik.
- Imperialismus, Nationalismus und Militarismus beeinflussen das politische Handeln der Zeit.

- Der sich verstärkende Nationalismus schuf in Vielvölkerstaaten wie dem Osmanischen Reich und der Donaumonarchie explosive Minderheitenprobleme.
- Die deutsche Regierung stand unter sozialpolitischem Druck. Durch den Krieg sollten gesellschaftliche Veränderungen und die Demokratisierung der Verfassung zumindest aufgeschoben werden.
- Die modernen großindustriell ausgerichteten Volkswirtschaften brauchten Rüstungsaufträge. Durch Wettrüsten hatten sich ungeheure Waffenvorräte angesammelt, die nun zum Einsatz bereit standen.
- Ein zunehmender, von Nationalisten geschürter Hass, nährte in den einzelnen Ländern das Entstehen von Feindbildern.

Faktoren des Kriegsausbruchs

Einige weitere Faktoren waren schließlich die Auslöser für den Ausbruch der bewaffneten Konfrontation im Juli 1914:

- Der von serbischen Nationalisten verübte Mord an dem österreichischen Thronfolgerpaar in Sarajewo bot Österreich-Ungarn einen willkommen Anlass, gegen die Serben vorzugehen.
- Das Ultimatum Österreichs an Serbien ließ den Serben keine Möglichkeit Österreich zufrieden zu stellen, ohne ihre Unabhängigkeit aufzugeben.
- Russland unterstützte die serbische Politik
- Die deutsche Führung bestärkte Österreich in seiner Kriegsabsicht gegen Serbien.
- Deutschland forcierte die Krise, um die Entente zu sprengen oder notfalls den „Präventivkrieg" gegen Frankreich und Russland zu führen.
- Deutsch-Englische Vermittlungsversuche wurden von hochrangigen deutschen Militärs im Umfeld Wilhelms II. torpediert.
- Frankreich verweigerte die Neutralitätszusage an Deutschland, um sich das Bündnis mit Russland nicht zu verscherzen.
- Deutschland verletzte völkerrechtswidrig die belgische und luxemburgische Neutralität, was den letzten Ausschlag für den Kriegseintritt Englands gab.

Der Automatismus einer in Gang gesetzten Kriegsmaschinerie war wirksam geworden. Nationalistischer Geltungsdrang, der jahrzehntelang die Außenpolitik beherrscht und Krisen heraufbeschworen hatte, begann sich zu entladen. Hinzu kam, dass auch der Mobilmachungsmechanismus in den einzelnen Ländern an Eigendynamik gewann.

Seit den mit Napoleons Massenheeren geführten Schlachten blieb die Art der Kriegsführung ziemlich unverändert. Mit dem 20. Jahrhundert erhielt sie eine radikal andere Dimension. 1914 trat die Menschheit in das Zeitalter des **„Großen Kriegs“.** Zum ersten Mal vollzogen sich die Auseinandersetzungen zwischen den Völkern nicht mehr in begrenzten Territorien.

- Auf der Grundlage der Allgemeinen Wehrpflicht war in kürzester Zeit die waffenfähige männliche Bevölkerung, die Millionenheere der Materialschlachten, kriegsbereit. Außerdem wurden zu „zivilen Kriegsdiensten“ auch Frauen und Kinder herangezogen.
- Die gesamte Industrie wurde zur „Kriegswirtschaft“. Vorrang hatte die Herstellung massenvernichtender Waffen.
- Der Einbezug der Weltmeere führte zu einer ganz neuen Kriegsführung mit Schwerpunkt auf dem U-Boot-Krieg.

Durch den Ersten Weltkrieges veränderte sich die Machtkonstellation nachhaltig: Europa verlor seinen globalen Führungsanspruch. Zwei neue, im späteren Verlauf die Weltpolitik bestimmende, Mächte traten 1917 auf den Plan: das bolschewistische Russland mit seinem marxistisch-leninistisch untermauerten Weltherrschaftsanspruch und die wirtschaftlich starken Vereinigten Staaten.

1917 begann eine neue Epoche: Die modernen Supermächte USA und Russland bestimmten das Schicksal der Länder. Wilson propagierte dabei einen Bund freier, demokratischer Staaten. Lenin hingegen vertrat die marxistische Lehre vom notwendigen Untergang des Kapitalismus und dem Sieg des Sozialismus. Erstmals zeigten sich mit dem Ersten Weltkrieg die ideologischen Gegensätze, die die Beziehungen der Staaten in der Folgezeit bestimmen würden.

Quellen und Literatur

Balfour, Michael: Der Kaiser – Wilhelm II. und seine Zeit. Frankfurt/Berlin 1967

Baumgart, Winfried: Deutsche Geschichte. Deutschland im Zeitalter des Imperialismus. Frankfurt/Berlin/Wien 1972

Born K. E.: Wirtschafts- und Sozialgeschichte des Deutschen Kaiserreiches (1867/71). Stuttgart 1985

Ferguson, Niall: Der falsche Krieg. Der Erste Weltkrieg und das 20. Jahrhundert. Stuttgart 1999

Fesser G. : Bernhard Fürst von Bülow. Eine Biographie. Berlin 1991

Fischer, Fritz: Griff nach der Weltmacht. Düsseldorf 1961

ders.: Krieg der Illusionen – Die deutsche Politik von 1911–1914. Düsseldorf 1969

Geiss, Imanuel: Kriegsausbruch 1914. München 1967

Haffner, Sebastian: Die 7 Todsünden der Deutschen im Ersten Weltkrieg. Bergisch Gladbach 1991

Hildebrand, Klaus: Das vergangene Reich – Deutsche Außenpolitik von Bismarck bis Hitler. Stuttgart 1995

Kielmannsegg, Peter Graf: Deutschland und der Erste Weltkrieg. Frankfurt 1968

Kissinger, Henry A. : Die Vernunft der Nationen – Über das Wesen der Außenpolitik. Berlin 1994

Mann, Golo: Deutsche Geschichte des 19. und 20. Jahrhunderts. Wien/Zürich 1958

Massie, Robert K.: Die Schalen des Zorns – Großbritannien, Deutschland und das Heraufziehen des Ersten Weltkriegs. Frankfurt 1993

Mommsen, Wolfgang: Das Zeitalter des Imperialismus. In: Fischer Weltgeschichte. Bd. 28, München 1993

Nipperdey, Thomas: Deutsche Geschichte 1866–1918: Machtstaat vor der Demokratie. Bd. II, München 1993

Reiners, Ludwig: In Europa gehen die Lichter aus. München 1954

Röhl, J. C. G.: Kaiser, Hof und Staat – Wilhelm II. und die deutsche Politik. München 1987

Salis J. R. von: Weltgeschichte der neuesten Zeit. Bd. 1, Zürich 1951

Schöllgen, Gregor: Imperialismus und Gleichgewicht – Deutschland, England und die orientalische Frage 1871–1914. München 1984

Schönbrunn, Günter: Geschichte in Quellen. Bd. V, München 1961

Schulte B. F.: Europäische Krise und Erster Weltkrieg – Beiträge zur Militärpolitik des Kaiserreiches. Frankfurt 1983

Stern, Fritz: Bethmann Hollweg und der Krieg – Die Grenzen der Verantwortung. Tübingen 1968

Tuchman, Barbara W.: August 1914. Frankfurt, Wien, Zürich 1965

Wehler, Hans Ulrich: Bismarck und der Imperialismus. München 1976

Wheeler-Bennett, John W.: Der hölzerne Titan – Paul von Hindenburg. Tübingen 1969

Stichwortverzeichnis

Bildnachweis

Umschlagbild: Landesbildstelle, Berlin
S. 2: Aus: „Jugend" 1. Jahrgang, 15. 2. 1896
S. 5, 9, 14, 20, 43, 51, 58, 59, 61, 62, 70, S. 71, 73, 75, 77, 82: Bildarchiv Preußischer Kulturbesitz, Berlin
S. 10, 29: Deutsches Historisches Museum, Berlin
S. 17, 54, 68: VG Bild-Kunst, Bonn 1999
S. 26: Hamburg, Museum für Kunst und Gewerbe
S. 31: Archiv Kurt Desch
S. 32: Süddeutscher Verlag, Bilderdienst
S. 35: 1998 Fackelträger Oldenburg. Aus: Heinrich Zille: „Das Zille-Album"
S. 44: Städtische Galerie München, Lenbachhaus
S. 49: Landesbildstelle, Berlin
S. 79: Plakatanschlag, Berlin August 1917. Aus: Ernst Johann: Innenansichten eines Krieges. Deutsche Dokumente 1914–1918. Frankfurt 1968, S. 273
S. 84: Fritz Koch-Gotha: Gezeichnetes Leben. © Eulenspiegel Verlag
S. 85: The International Historical Press Photo Collection

Wir danken allen Rechteinhabern für die Abdruckerlaubnis.
Der Verlag war bemüht, die Urheber der abgedruckten Bilder und Texte ausfindig zu machen. Wo dies nicht gelungen ist, bitten wir diese, sich ggf. an den Verlag zu wenden.

Ihre Meinung ist uns wichtig!

Ihre Anregungen sind uns immer willkommen. Bitte informieren Sie uns mit diesem Schein über Ihre Verbesserungsvorschläge!

Titel-Nr.	Seite	Vorschlag

Bitte hier abtrennen

Zutreffendes bitte ankreuzen!

Die Absenderin/der Absender ist:

- ☐ Lehrer/in in den Klassenstufen: ____
- ☐ Fachbetreuer/in
  Fächer: ____
- ☐ Seminarlehrer/in
  Fächer: ____
- ☐ Regierungsfachberater/in
  Fächer: ____
- ☐ Oberstufenbetreuer/in
- ☐ Schulleiter/in
- ☐ Referendar/in, Termin 2. Staatsexamen: ____
- ☐ Leiter/in Lehrerbibliothek
- ☐ Leiter/in Schülerbibliothek
- ☐ Sekretariat
- ☐ Eltern
- ☐ Schüler/in, Klasse: ____
- ☐ Sonstiges: ____

Unterrichtsfächer: **(Bei Lehrkräften!)**

____

STARK Verlag
Postfach 1852
85318 Freising

Bitte ausfüllen und im frankierten Umschlag an uns einsenden. Für Fensterkuverts geeignet.

Kennen Sie Ihre Kundennummer?
Bitte hier eintragen.

Absender **(Bitte in Druckbuchstaben!)**

Name/Vorname

Straße/Nr.

PLZ/Ort

Telefon privat

Geburtsjahr

E-Mail-Adresse

Schule/Schulstempel **(Bitte immer angeben!)**

Bitte hier abtrennen

(Bitte blättern Sie um)

Deutsch

Training Methoden Deutsch
Grundlagen, Arbeitstechniken und Methoden .... Best.-Nr. 944062
Deutsch 11. Klasse .... Best.-Nr. 90405
Aufsatz Oberstufe .... Best.-Nr. 84401
Abitur-Wissen
Erörtern und Sachtexte analysieren .... Best.-Nr. 944064
Abitur-Wissen
Textinterpretation Lyrik, Drama, Epik .... Best.-Nr. 944061
Abitur-Wissen Deutsche Literaturgeschichte .... Best.-Nr. 94405
Abitur-Wissen Prüfungswissen Oberstufe .... Best.-Nr. 94400
Lexikon Autoren und Werke .... Best.-Nr. 944081

Französisch

Landeskunde Frankreich .... Best.-Nr. 94501
Wortschatz .... Best.-Nr. 94503
Literatur .... Best.-Nr. 94502
Textarbeit Oberstufe .... Best.-Nr. 94504
Abitur-Wissen Literaturgeschichte .... Best.-Nr. 94506

Latein

Kurzgrammatik .... Best.-Nr. 94601
Wortkunde .... Best.-Nr. 94603
Abitur-Wissen Lateinische Literaturgeschichte .... Best.-Nr. 94602

Englisch

Textaufgaben *lieferbar ab ca. Jan. 04* .... Best.-Nr. 94468
Übersetzungsübung .... Best.-Nr. 82454
Grammatikübung Oberstufe .... Best.-Nr. 82452
Wortschatzübung Oberstufe .... Best.-Nr. 82451
Grundlagen der Textarbeit .... Best.-Nr. 94464
Grundfertigkeiten des Schreibens .... Best.-Nr. 94466
Sprechfertigkeit mit CD .... Best.-Nr. 94467
Textaufgaben zur Literatur .... Best.-Nr. 94462
Englisch – Übertritt in die Oberstufe .... Best.-Nr. 82453
Abitur-Wissen Landeskunde Großbritannien .... Best.-Nr. 94461
Abitur-Wissen Landeskunde USA .... Best.-Nr. 94463
Abitur-Wissen Literaturgeschichte .... Best.-Nr. 94465
Kompakt-Wissen Kurzgrammatik .... Best.-Nr. 90461
Kompakt-Wissen Wortschatz .... Best.-Nr. 90462

Fachübergreifend

Richtig Lernen
Tipps und Lernstrategien für die Oberstufe .... Best.-Nr. 10483
Referate und Facharbeiten für die Oberstufe .... Best.-Nr. 10484
Training Methoden
Meinungen äußern, Ergebnisse präsentieren .... Best.-Nr. 10486

Erdkunde

Training Methoden Erdkunde
Grundlagen, Arbeitstechniken und Methoden .... Best.-Nr. 94901
Erdkunde *lieferbar ab Frühjahr 04* .... Best.-Nr. 94909
Abitur-Wissen Entwicklungsländer .... Best.-Nr. 94902
Abitur-Wissen USA .... Best.-Nr. 94903
Abitur-Wissen Europa .... Best.-Nr. 94905
Abitur-Wissen Asiatisch-pazifischer Raum .... Best.-Nr. 94906
Lexikon Erdkunde .... Best.-Nr. 94904

Religion

Katholische Religion 1 – gk .... Best.-Nr. 84991
Katholische Religion 2 – gk .... Best.-Nr. 84992
Abitur-Wissen gk ev. Religion
Der Mensch zwischen Gott und Welt .... Best.-Nr. 94973
Abitur-Wissen gk ev. Religion
Die Verantwortung des Christen in der Welt .... Best.-Nr. 94974
Abitur-Wissen Glaube und Naturwissenschaft .... Best.-Nr. 94977
Abitur-Wissen Jesus Christus .... Best.-Nr. 94978
Abitur-Wissen Die Frage nach dem Menschen .... Best.-Nr. 94990
Abitur-Wissen Die Bibel .... Best.-Nr. 94992
Abitur-Wissen Christliche Ethik .... Best.-Nr. 94993
Lexikon Ethik und Religion .... Best.-Nr. 94959

Ethik

Ethische Positionen
in historischer Entwicklung – gk .... Best.-Nr. 94951
Abitur-Wissen Philosophische Ethik .... Best.-Nr. 94952
Abitur-Wissen Glück und Sinnerfüllung .... Best.-Nr. 94953
Abitur-Wissen Freiheit und Determination .... Best.-Nr. 94954
Abitur-Wissen Recht und Gerechtigkeit .... Best.-Nr. 94955
Abitur-Wissen Religion und Weltanschauungen .... Best.-Nr. 94956
Abitur-Wissen
Wissenschaft – Technik – Verantwortung .... Best.-Nr. 94957
Abitur-Wissen Politische Ethik .... Best.-Nr. 94958
Lexikon Ethik und Religion .... Best.-Nr. 94959

Sport

Bewegungslehre – LK .... Best.-Nr. 94981
Trainingslehre – LK .... Best.-Nr. 94982

Kunst

Grundwissen Malerei – LK .... Best.-Nr. 94961
Analyse und Interpretation – LK .... Best.-Nr. 94962

Natürlich führen wir noch mehr Buchtitel für alle Schularten. Wir informieren Sie gerne!

Telefon: 08161/179-0
Telefax: 08161/179-51
Internet: www.stark-verlag.de
E-Mail: info@stark-verlag.de

Bestellungen bitte direkt an:
STARK Verlagsgesellschaft mbH & Co. KG · Postfach 1852 · 85318 Freising

STARK

13-VIT